JN320391

事例に学ぶ
貸出先実態把握の勘所

― 「取引先概要表」の作成と財務・実体面の動態把握 ―

吉田重雄 [著]

一般社団法人 金融財政事情研究会

はじめに

　帝国データバンクが2008年4月8日に発表した全国企業倒産集計によると、2007年の倒産件数は1万1,333件（前年比＋18.4％）、負債総額は5兆5,300億円（前年比＋5.2％）でした。倒産企業のほとんどは中小零細企業です。

　現在の企業経営を取り巻く環境をみると、原油高や円高という経済にマイナス影響を与える外的要因に加えて、素材・消費財の相次ぐ値上げ、改正建築基準法や改正パート労働法等の影響から、中小零細企業を取り巻く経営環境は引き続き厳しい状態が続くものと思われます。

　企業倒産件数や負債総額が前年を上回るような厳しい経済環境下、銀行は貸出業務で不良債権を出さないために何をしなければならないでしょうか。健全な貸出資産を積み上げることが銀行の安定的な収益を生み出すことは自明であります。その健全な貸出資産は、まっとうな貸出姿勢に基づき、貸出判断の際に資金使途の妥当性の検証を行うことが大事であると、筆者は前著『事例に学ぶ貸出判断の勘所』で書きました。

　そして、健全な貸出資産を積み上げるもう一つの方法は、貸出先企業の「実態を把握する」ことで貸出判断を正しく導くことにあると考えます。

　それが「企業調査」です。企業調査には定量的手法の財務分析と定性的手法の実体面からのアプローチ方法とがあります。その両面の情報を総合して貸出判断の可否を決定するのが一般的です。

　財務分析による手法は、分析する貸借対照表や損益計算書が正しく作成されているという前提でなければなりません。またそれが正しい貸借対照表・損益計算書であっても、その数字は数カ月前の決算日という過去の一時点における静態的な過去の成績表であるという点から、分析結果の評価にも限界性があります。その意味で、財務分析の結果を重視しながらも、現時点における経営実績を動態的に把握するという重要な役割が出てきます。それが実体面での実態把握です。

人は独りで生きていけないのと同様に、企業も自ら単独で成り立っているわけではありません。株主がいて、従業員がいて、そして仕入先や販売先があり、取引銀行があります。すべての企業は社会とのかかわりをもって生きているのです。

　しかし、経営者や従業員が一生懸命にまじめに働いている企業でも、企業経営を取り囲むいろいろな要因やさまざまな影響によって倒産することがあります。その原因は、商品力や技術力の開発が競合他社に劣ることからくる売上減少であったり、売上げの最大シェアを占めていた販売先の業績悪化の影響を受けた連鎖倒産であったり、あるいは最近の事例にみられるようなコンプライアンス違反行為の発覚が原因であったり、企業倒産はさまざまなリスク要因によって引き起こされます。

　どの金融機関でも、銀行収益の柱である貸出業務の担い手である貸出担当者の育成には力を注いでいることでしょう。しかしながら、その教育指導のための研修のほとんどは、財務分析の手法を学ぶことが中心になっていると思います。貸出業務に関連する参考図書も、決算書の見方や財務分析のポイントを説明する内容のものがほとんどであるといえます。

　実体面での実態把握の方法は、規範的・論理的に系統立てて理論化されたものではありません。むしろ、貸出業務年数が長く、数多く貸出取引先を担当したベテラン経験者が後輩へ、OJTとして引き継いでいくべき内容がほとんどではないでしょうか。それを組織のノウハウとして蓄積し、伝授していかなければなりません。

　ところが、銀行業界の過去20年を振り返るとき、業容拡大競争のもと、担保・メリットがあれば資金使途も問わずに貸すというバブルの時代がありました。その反動が出た第一次平成不況は、銀行が不良債権の処理に追われ、事実上倒産する銀行もあり、金融界全体が沈んだ暗い時代でした。

　現在、部下を教育する立場の年齢層（40〜50歳代）の人たちの多くは、この時代の経験者であることから、まっとうな貸出業務を行ううえで必要な実体面からの情報収集の方法について語れるだけのノウハウが足りないという

見方があります。また銀行という組織として、企業の実態把握についてノウハウを伝える術を持ち合わせていないところもあるようです。

　企業の三要素として「人」「モノ」「金」ということがいわれます。

　貸出判断を行うとき、貸借対照表や損益計算書を分析することは「金」の側面からの実態把握といえます。最近、貸出判断に際して、過去3期分の財務諸表をコンピュータに入力し、貸出可能金額を自動的に導き出すようなことが行われています。その説明として、判断の迅速化、稟議事務の合理化・効率化という理由があげられています。また、スコアリングという手法で点数化して判断の尺度にしていると聞き及びます。

　このような方法は、企業の上記三要素の実態把握を十分に行っているとは思えません。「人」「モノ」「金」に関する実態把握が行われないまま貸出判断を行うということは、貸出業務の正道を踏み外しています。そのようなことを行わせることで、貸出担当者に企業をみる目が備わるでしょうか。また、まっとうな貸出業務ができる人材が育つでしょうか。私は疑問に感じます。

　2008年4月3日の日本経済新聞には次のような記事が掲載されました。「金融庁は地域に根ざした経営改革として地方銀行や第二地方銀行に勧めてきた「スコアリング（評点制）融資」を積極的に推奨する項目から外す。〜新銀行東京がこのモデルで多額の不良債権を抱え、批判を招いたことにも配慮した」

　本書は、貸出担当者に貸出取引先（中小企業）の実態把握を行うことの重要性を認識してもらい、そのために必要な知識と切り口を書いたものです。内容は論理的に整理されたものではありません。むしろ実用的・実践的といえる内容にするよう心がけました。それぞれの項目に関係する必要な知識は広範囲にわたりますが、日常の営業活動において、このような実体面での情報収集に多くの時間を割くことが非常に重要であると思います。

　企業の実態把握は、財務諸表の分析だけでなく、自分の目でみて、自分の耳で聞き、人・会社・工場・機械・商品等に直接接することから得る知識・

情報が、判断するときに重要になってきます。

　貸出取引先に接するとき、貸出担当者の個人的感情により取引先の訪問頻度にバラツキが出たり、訪問しても無意味な雑談だけで終わったり、苦手な社長や経理部長がいる取引先へ行くことを嫌ったりしていては、実体面での観察はできません。また、支店内で貸出金額が上位の大事な取引先や、いろいろな肩書きをもっているその地域では有名な人物が社長の会社などは、遠慮して聞きたいことも聞きづらいという雰囲気があるかもしれません。しかし、どれも実体面からの実態把握を行わないでよいという言い訳の理由にはなりません。

　企業の実態把握は、格付低ランクの先だけを対象として行うものではありません。すべての債務者を対象として行うものです。債権管理上必要だから行うだけではありません。貸出実行の可否の判断を行う際にも重要になるものです。貸出取引をする相手企業の実態を知らずに貸出を行うことは、目隠し運転をするような危険なことだと認識しなければなりません。

　「貸出業務の最大の要諦は債権保全にあり」と考えるとき、貸出取引先の実態把握を行う最終的な目標は、倒産の兆候を早めに察知することにつながります。そこで実態把握の仕上げとして最終章は倒産兆候のとらえ方を書き、締めくくりました。

　読者の皆さんが、本書で書いたことの実践を通じて取引先の実態把握を進めることで、貸出判断の勘所の育成に資することにつながることになれば、筆者として嬉しく思うところであります。

　なお、この本で述べていることは筆者の私見であることを念のために申し添えておきます。また、本書の刊行に際し、出版の機会を与えてくださいました社団法人金融財政事情研究会出版部の古橋哲哉氏、平野正樹氏には深く感謝するとともに、厚く御礼を申し上げます。

2008年7月

吉 田 重 雄

目　次

第1章
企業調査

第1節　事例紹介 …………………………………………………… 2
　1　事　例　1 …………………………………………………… 2
　2　事　例　2 …………………………………………………… 4
　3　事例から学ぶこと ………………………………………… 6
第2節　企業調査の必要性 ……………………………………… 8
第3節　企業調査の意義 …………………………………………10
　1　貸出業務の本質 ……………………………………………10
　2　企業調査の意義 ……………………………………………11
第4節　企業調査の方法 …………………………………………12
　1　財務面の評価 ………………………………………………12
　2　実体面の評価 ………………………………………………13
　3　どちらを優先するか ………………………………………15
第5節　企業調査の心構えと留意点 ……………………………17
　1　貸出担当者としての基本的な心構え ……………………17
　2　調査に際しての心構え ……………………………………17
　3　調査を行ううえでの留意点 ………………………………19
第6節　情報の収集 ………………………………………………21
　1　情報の収集ルート …………………………………………21
　2　収集資料 ……………………………………………………21
　3　情報の集め方 ………………………………………………23
第7節　情報の信ぴょう性 ………………………………………24
　1　資料内容の限界性と制約 …………………………………24

  2 財務諸表の信ぴょう性 ··· 25

第2章
取引先概要表

第1節 事例紹介 ··· 30
  1 事 例 3 ··· 30
  2 事 例 4 ··· 33
  3 事例から学ぶこと ·· 36
第2節 取引先概要表 ·· 37
  1 取引先概要表の必要性 ··································· 37
  2 取引先概要表を作成する意義 ····························· 38
  3 取引先概要表の記載項目 ································· 40
第3節 他の資料との一体的活用 ································ 42

第3章
取引先概要表の作成

第1節 事例紹介 ··· 44
  1 事 例 5 ··· 44
  2 事 例 6 ··· 47
  3 事例から学ぶこと ·· 49
第2節 企業概要の把握 ·· 50
  1 商号・所在地 ·· 50
  2 代表者名・経歴 ·· 54
  3 資 本 金 ··· 60
  4 業 種 ··· 64
  5 創業年月・設立年月 ····································· 65

6	従業員数	68
7	株主構成・持株数	70
8	役員名	73
9	本社・工場・営業所・その他不動産	74
10	関係会社	75
11	格付	78
12	主要仕入先・主要販売先	80
13	取引銀行	83
14	直近3～5期の決算概要	85

第3節　取引経緯の把握 …………………………………86

1	会社沿革	86
2	取引開始日	87
3	取引開始の経緯	88
4	取引方針	88
5	経営上の課題	90
6	取引上の留意点	91
7	人の評価	93
8	モノの評価	97
9	主な取引経緯	99

第4章

実体面の把握

序　節	能動的な把握	102
第1節	事例紹介	103
1	事例7	103
2	事例8	106
3	事例から学ぶこと	107

第 2 節　面談時の留意事項 …………………………………………108
　　1　基本的心構え ……………………………………………………108
　　2　面談の仕方 ………………………………………………………109
第 3 節　経営者を識る ………………………………………………116
　　1　経営者の実像を識る ……………………………………………117
　　2　経営者を識って …………………………………………………129
第 4 節　現地・現場を観て、聞く …………………………………135
　　1　本社訪問で何を観て、何を聞くか ……………………………136
　　2　工場訪問で何を観て、何を聞くか ……………………………141
　　3　経営者の自宅を観る ……………………………………………146

第 5 章

財務面の動態把握

第 1 節　事例紹介 ……………………………………………………150
　　1　事　例　9 ………………………………………………………150
　　2　事　例　10 ………………………………………………………153
　　3　事例から学ぶこと ………………………………………………155
第 2 節　年商の実態把握 ……………………………………………157
　　1　年商の変動要因 …………………………………………………157
　　2　年商の増減分析 …………………………………………………159
　　3　年商の推定方法 …………………………………………………160
　　4　年商推定から粉飾を見抜く ……………………………………164
　　5　年商に対する経営者の意識 ……………………………………166
第 3 節　月商の実態把握 ……………………………………………169
　　1　「月商」「平均月商」の意味と違い ……………………………169
　　2　平均月商と回転期間 ……………………………………………172
第 4 節　貸借対照表の主要勘定科目の実態把握 …………………181

1	預　　金	182
2	受取手形	184
3	売掛金	185
4	有価証券	186
5	棚卸資産	188

第6章
倒産兆候のとらえ方

第1節　事例紹介 ……………………………………………………194
　1　事例11 ……………………………………………………………194
　2　事例12 ……………………………………………………………196
　3　事例から学ぶこと ………………………………………………198
第2節　外部情報から察する兆候 ………………………………201
　1　火のない所に煙は立たない ……………………………………201
　2　情報の確認 ………………………………………………………203
第3節　財務分析から察する兆候 ………………………………205
　1　粉飾決算はなぜ行われるか ……………………………………205
　2　粉飾決算の発見 …………………………………………………207
　3　融通手形 …………………………………………………………216
第4節　自店取引から察する兆候 ………………………………220
　1　預金取引面の兆候 ………………………………………………220
　2　貸出取引面の兆候 ………………………………………………221
　3　実体面における兆候発見 ………………………………………223

附　章
『中小企業の財務指標』の活用

1　はじめに ……………………………………………226
2　『中小企業の財務指標』とは何か……………………226
3　「比率分析」と「実数分析」…………………………233

寄り道 コラム

「場味」って？………………………………………………14
変な決算書と変な説明！……………………………………26
粉飾決算のすすめ？…………………………………………27
「聞くは一時の恥、聞かぬは一生の恥」……………………41
商号に秘めた社長の想い……………………………………52
「取締役社長」ではダメ!?……………………………………56
「代表取締役社長」が二人…………………………………56
「売家と唐様で書く三代目」…………………………………59
脛に傷をもつ…………………………………………………59
中小企業庁のホームページから……………………………61
増資に係る社長の思惑………………………………………63
「従業員」と「社員」とは違う！……………………………69
同族は一枚岩か？……………………………………………73
新規取引工作のきっかけにする……………………………81
連鎖倒産の実態………………………………………………82
連鎖倒産防止制度……………………………………………83
創業者と二代目、どっちが大変？…………………………96
同級生の家業…………………………………………………98
「蟻の一穴」って知っていますか？………………………100
トヨタ生産方式………………………………………………112
ほうれんそうの話……………………………………………115
小倉昌男『経営学』…………………………………………124

父と子……………………………………………………128
経営者のコンプライアンス意識……………………………134
海外工場は観に行くべきか…………………………………143
売上至上主義…………………………………………………168
在庫積上げの借入れ…………………………………………177
株が大好きな人………………………………………………187
粉飾決算について……………………………………………216

第 1 章

企業調査

第 1 節

事例紹介

1 事例1

　S支店に、営業が大好きという秋山君が着任してきました。S支店の貸出業務の課題は、既存優良取引先のシェアアップ、そして取引基盤の拡大を図るための新規取引獲得の二つです。

　秋山君は前々部署・前部署でも法人新規活動で立派な実績をあげていて、本人も自信があり、支店長も期待しています。

支店長　前の店ではずいぶんと新規獲得の実績をあげたようだね。

秋　山　ありがとうございます。

支店長　この地域は中小企業が多い。未取引の法人数は多いのだが、貸し出してもよい先かどうか、信用調査がポイントになると思う。

秋　山　頑張ります。

支店長　君は法人新規獲得の仕事に長くかかわって、実績もあげてきたようだが、新規獲得のコツは何かね。

秋　山　KKDです。

支店長　KKDとは聞きなれない言葉だが、それは一体なんだね。

秋　山　経験（K）と勘（K）と度胸（D）です。

支店長　それはちょっと怖いね。新規に貸出を行うかどうかを、経験と勘と度胸で決めるのかい。

秋　山　はい。そうしてきました。

支店長　論理的に判断する基準はどこにあるのだ。

秋　山　帝国データバンクの信用調査書をみて、得点が45点以上なら大丈夫です。それが経験で、後は社長に会ったときの勘と度胸です。

支店長　そういう考え方は、これからは困る。しかるべく企業調査を行い、貸出判断を行う材料を提示してくれなくては、私は貸出判断の可否を下すことができない。秋山君のKKDに従って貸出案件の決裁をするということは、支店長としての判断根拠はどこにあるのか。KKDに頼るということは判断する根拠がないということになる。また、責任ある判断を放棄しているといっても過言ではない。君は、いままではそういうやり方で通ってきたかもしれないが、私はそのやり方は間違いだと思う。私と一緒に仕事をするからには、この支店に異動になってきたことを契機に、しっかりと貸出業務の基本を勉強してほしい。

秋　山　いままでのやり方じゃダメですか。数字はしっかりと伸ばします。

支店長　数字を伸ばすために貸出業務をやっているのじゃない。

秋　山　でも目標を達成することが大事ではありませんか。このやり方でいままで目標を達成し、表彰を受けてきました。

支店長　いままではいままでだ。私はそのような支店経営は行わない。表彰をとることを目的化して仕事をしているのじゃない。取引先にとって必要な資金をまっとうな貸出業務によって貸出を行い、不良債権を出さないことが大事だと考えている。

秋　山　数字をつくることが大事ではないのですか。

支店長　貸出の増加目標金額を達成することは大事だ。でも、それは貸出の本質を忘れ、手段を選ばずに数字をつくることとは違う。まっとうな貸出業務を行うことで数字は結果としてついてくるもの

秋　山　わかりました。貸出業務を一から勉強させていただきます。
支店長　謙虚で素直で結構。頑張ってほしい。君には元来バイタリティがあるのだから、貸出業務の基本を勉強して企業調査の力も備えるようになれば営業マンとして大成する。いつまでもKKDに頼っているようではダメだぞ。
秋　山　はい、よろしくお願いいたします。
支店長　新規先に関する情報は少ない。帝国データバンクは一つの参考資料ではあるが、それに頼ったり、内容を全部信用したりするようではいけない。総合評点がよいからといって倒産しないとは言い切れない。現に私の経験でも、評点が60点以上の先でも倒産している。それはおそらく粉飾決算をそのまま評価したものだと思う。そういうこともあるから自分の目で確かめ、頭で考えることが大事になってくる。
秋　山　それでは新規獲得に時間がかかりますね。
支店長　良質で健全な貸出資産の確保には必要な時間をかけて企業調査することは当然だ。決算書の分析と実体面からの分析の両方が大事だ。

2　事例 2

S支店に1年前に配属された藤田君が、ローテーションで貸出業務担当課に来ました。藤田君にとっては初めての貸出業務です。まずは簡単に書ける稟議ということで、業績が無難なA社の経常運転資金の継続稟議を作成して、支店長席に回しました。

支店長　藤田君、初めて稟議書を書いてどうだった。

藤　田　継続稟議なので意外に簡単に書けました。

支店長　ここに君が書いた稟議書があり、読ませてもらったが、所見欄には「経常運転資金同額継続」としか書いていない。ほかに書くことはなかったのかい。

藤　田　前回の継続稟議をまねて同じように書きました。

支店長　確かにいままでの継続稟議書はそのように簡単にすませている。でもそれではいけないということを、私はこの支店に来て教えている。君は初めてかもしれないが、経常運転資金の継続稟議といえども簡単に片づけず、貸出業務の基本はしっかり身につけてもらいたい。

藤　田　直近の決算分析は行いましたが。

支店長　前期決算との比較決算分析表はみた。それなりにやっていることは承知している。では聞くが、売上げはどうだったか。

藤　田　前年比ではほとんど不変で伸びていません。

支店長　君は「売上げは前年並み」と書いている。そんなことは数字をみればわかる。大事なことは、前年並みの売上げになった背景はどうであったかということだ。たとえば、前年は一つ100万円の商品を500個売って売上げは5億円でした。今年は5％の値上げをしたので商品価格は105万円なのに売上げが前年並みの5億円では、売れた商品は500個に満たず、前年より売れなかったといえるのではないか。大事なことは「売上げは前年並み」という簡単なコメントではなく、売上げの中身まで突っ込んだ分析コメントがほしい。私がいっていることはわかるだろう。

藤　田　はい、よくわかります。

支店長　貸出担当者は分析に手を抜いてはいけないよ。疑問があったら納得するまで突っ込んで検証する心構えが大事だ。

藤　田　でも、そういうことはどうやったらわかるのですか。

支店長　君はA社の担当になってから何回A社を訪問したか。

藤　田　まだ引継ぎのあいさつだけです。

支店長　それはダメだね。貸出担当者は担当先を訪問することで人とのつながりをつくり、実際に自分の目でみて、いろいろなことを聞いて、会社のことを知ることから第一歩が始まる。A社がどういう事業を行っているか、どんな製品をつくっているか、主な仕入先・販売先はどこか等々のことを知らずに、ただ決算書の財務分析だけをやっていても、A社の実態はわからないよ。A社については、貸出担当の君が当行の目となり耳となり、財務面・実体面のアンテナとなって、貸出判断に必要ないろいろな情報を集めて、提供することが重要な役割なのだから。

藤　田　わかりました。努力いたします。

支店長　まずは、経常運転資金の継続に際して、手形の書換えもあるだろうから、前期決算について聞くべきポイントを整理したうえで、A社を訪問してみたらいい。あそこの経理部長も社長もよい人なので親切に教えてくれると思うよ。それからA社に対する当行の取引方針はシェアアップ先になっている。財務内容だけでなくいろいろな実体面での情報もいままで以上に必要になってくるから、訪問頻度をあげ、親しい関係をつくってほしい。

3　事例から学ぶこと

〈事例1〉、〈事例2〉とも現場で実際にありうる会話だと思います。貸出業務を目標達成ゲームのようにとらえ、質より量を優先するという考え方で、資金使途を問わず、会社の実態を把握せず、数字至上主義の考え方で無節操な貸出を行うことは絶対にしてはいけません。

バブル時代に無節操な貸出行動によって多くの焦付きが生じたという苦い経験を忘れてはいけないのです。常識がありまっとうな貸出判断を行う支店

長であるならば、正しい判断を行うためには、取引先の実態把握を行うことの必要性は承知しているでしょう。

〈事例1〉のように、貸出の可否を決める際に論理的判断の根拠を示さず、帝国データバンクの評点を頼りにして、後は勘と度胸と言い切られては、支店長が困るのは当然です。貸出業務に企業調査は必要不可欠です。それを担当者の経験と勘と度胸で判断するわけにはいきません。

〈事例2〉は、初めて貸出担当者になった部下に対する支店長のアドバイスです。財務分析の結果を1行でコメントするような内容は、決算書をみればだれでもわかることです。大事なことは、結果として表れた売上高の数字の背景となる経営活動の実態です。それを知ったうえで数字の評価・解釈をすることが大事であると支店長は教えています。また担当先の訪問の重要性も語っています。財務分析とは別に、経営活動の実体面については取引先訪問で情報を得るようにとのアドバイスがありました。

貸出担当者の「企業をみる眼」のスキルアップこそが、貸出判断の可否を決める重要な要素になります。ひいてはそれが銀行経営の健全性と安定的な収益とを生む源泉になります。さらに、銀行のまっとうな貸出業務が日本経済の健全な発展にもつながり、銀行の公共的使命を果たすことにもなるのです。

第 2 節

企業調査の必要性

　銀行は預金で集めた資金の大半を貸出業務で運用することで利益をあげています。銀行が経済社会において使命をまっとうするためには、この資金を貸出先としてふさわしい企業に対し、有効かつ効率的な貸出業務で運用しなければなりません。

　そこでは、銀行と貸出取引先とは共存共栄の関係にあり、貸出取引先の繁栄なくして銀行の繁栄もないと理解しなければなりません。その関係を保持していくうえで、また取引推進を進める際も、債権保全を図る際も、銀行は貸出取引先の実態を正確に把握しなければなりません。

　銀行はバブル期に間違った貸出行動をした結果、不良債権問題で苦しみました。その反省に立つとき、国内のあらゆる分野で起こっているパワーシフトの答に気づき、銀行も取引先本位の業務に心がけることが求められています。銀行の都合を優先するような、銀行本位主義で貸出業務を行ってはいけないということを知るべきです。

　世の中に起こっているパワーシフトとは、たとえば、生産者と消費者との関係では消費者本位のモノづくりが行われ、営業と顧客との関係では顧客本位の営業が行われ、医師と患者との関係では患者本位の医療が行われるように世の中は動いています。政治家と国民との関係では国民本位の政治が叫ばれています。であるならば、銀行と貸出取引先との関係でも貸出取引先本位の貸出業務が行われるべきではないでしょうか。

　ここでいう「本位」とは、その人たちのいいなりになるということではあ

りません。その人たちを「中心に据える」という意味です。銀行の貸出業務は、銀行自らの利益や目標の実現のために銀行の都合を優先するものであってはいけません。そこに取引先を利用するという発想や行為があってはいけません。貸出取引先本位に貸出業務を考えるならば、取引先から信頼を得て、正常な企業活動に必要な資金面での援助を行うことで、取引先の発展に資するという役割と意識を常に持ち続けて貸出業務を行うことが重要です。

　そのとき貸出担当者に求められるのが「企業をみる眼」です。そしてそれは「企業調査」によって磨かれるスキルといえます。

第 3 節

企業調査の意義

1　貸出業務の本質

　銀行の経常収益の大半は貸出業務から得られる収益です。したがって、銀行経営では企業との間で行われる貸出取引の役割がきわめて重いものとなっています。

　バブル期において行われた不健全な貸出業務が不良債権問題を惹起し、それが銀行経営の根幹を揺るがす大問題につながったことは、銀行員であるならばだれもが忘れることのない出来事でしょう。

　銀行が貸出業務を行ううえで忘れてはならないのは、貸出金として貸し出す資金は多くの預金者から預かっている預金が原資であるということです。銀行を信頼して預金をしていただいている預金者から払戻請求を受けた場合、銀行は利息を付して払戻しに応じなければなりません。そのためには、預金を原資として貸し出した資金が返済されなければいけません。

　銀行の貸出業務は、貸出先としてふさわしい企業を相手に、効率的な資金運用を図らなければいけません。いやしくも、貸出金に焦付きが生ずるようなことがあってはなりません。また、銀行が永続的に発展し存続をしていくためには、安定的な取引を確保し、健全な貸出資産を積み上げていく必要があります。

2　企業調査の意義

　企業調査の目的は、単に不良債権を出さないための調査という消極的な面にあるのではありません。むしろ、貸出取引を通じて優良企業の発掘や育成に資することによって、取引先の発展はもとより銀行の繁栄に貢献するという積極的な面があることを認識すべきです。

　企業調査を行うことで貸出内容の質的向上を図ることが、安定的な収益を生む健全な貸出資産の積上げにつながるのです。そして、銀行における貸出資産の「質」と「量」との違いが、銀行経営の優劣の差となって表れるのです。大事なことは、貸出資産は「質」を伴った「量」なのです。「質」を軽視して「量」だけを伸ばす貸出業務は大きなリスクを抱えることになります。

　銀行、そして銀行員は、量的拡大競争に走った貸出業務の結果として不良債権問題を惹起し、その処理に国民の税金が投入された歴史を忘れてはなりません。さらにいえば、その貸出資産を構成する取引先企業の個々の取引実態こそが銀行経営の優劣を決める決定的な要素であることも学んだはずです。

　貸出業務を担当する者の重要な任務は、貸出業務を行うことが健全な貸出資産につながる企業であるか、それとも不良貸出につながるおそれがある企業であるかを見分けることです。それを見分けることで、取引先を攻めるための戦略を考え、債権保全の対策を講ずるという対応・対策の方針を立てることが可能になります。すなわち、企業の実態把握を正しく行うことで貸出資産の中身を正確に把握し、質的向上を目指すことにつなげる努力が重要になるのです。

第 4 節

企業調査の方法

1　財務面の評価

　貸出業務の担当者が企業調査の方法として最初に思い浮かぶのは財務分析でしょう。貸借対照表と損益計算書とを財務分析することで、企業の安全性、収益性を明らかにして、それを評価するという方法です。その結果、自己資本比率が高いから安全である、売上高経常利益率が〇％であるから収益性が高い、あるいは借入金が多すぎる等々の分析がなされます。これらの分析結果には、それぞれ相当の意味があることは間違いありません。しかし、その分析結果だけで、企業の業績面の実態や資金繰り状況、また経営の実態を判断することは危険です。

　なぜならば、財務分析の結果は決算日時点の企業の健康状態を示す一つの尺度であることに間違いはありませんが、企業の一面を一時点でとらえた過去の数値にすぎません。財務分析の結果の数値を有機的に結びつけて、明快な結論を導き出しても、これだけでは企業の評価を完結できません。

　財務分析は貸借対照表・損益計算書に示された過去の実績の数値に基づきますが、重要なのは、そこに表されている数値は経営活動の結果が表れていると考える必要があることです。貸借対照表・損益計算書に表されたその数値は、あくまでもその背景となった経営活動の結果です。財務分析を行う際、経営活動の実態を切り離して数値だけで評価することには限界があると考えなければいけません。財務諸表に表れる数値は、経営活動の結果が直接

的・間接的に反映されているものにすぎないのです。

　第1節の事例紹介〈事例2〉の話を思い出してください。売上高の数値の比較だけをみると「前年並み」という評価である場合も、売上げを価格と販売数量との積としてみれば、売上げという結果の数字の背景にある経営活動に対する評価はおのずと異なってきます。商品価格を値上げしたのに前年並みの売上げであるということは、売った商品数は前年を下回っています。さらにこのことは、商品価格を値上げした背景に原材料費の高騰や経費の増加があると推察すると、前年並みの売上げでは限界利益が縮小するはずであるというように考えられます。そして営業利益額をみて、前年比の数字の妥当性を検証するということにつながっていきます。

2　実体面の評価

　そこで次に、経営活動を実体面でみることが重要であり、必要になってくるのです。たとえば売上げが前期比並みの実績で終わったとします。その数値をよいと判断するか、悪いと判断するか。その数字になって現れた背景には何があったかを知らなくては、数字を正しく評価することはむずかしいといえます。背景になっている営業の実態が、猛烈販売攻勢をかけたにもかかわらず伸びなかった結果なのか、新商品を出したが売れなかった数字なのか、あるいは競争環境が劣悪な状況のなかでダイナミックに戦って善戦した結果なのか等々の生々しい実態によって売上高の数字の見方が変わってくるはずです。さらに、営業面での人員増強や組織改正、あるいは労務管理状況がどうであったかという側面も数字の評価に間接的に影響しているはずです。

　財務分析の結果を判断するとき、このような実体面の調査も重要になってきます。言い換えれば、財務分析によって明らかにされた数字的結果は、経営活動における実体面の背景をみることで、より正確な解釈になり、正しい評価が可能になるのです。

もう一つ、例を出して説明します。貸借対照表を分析した結果、在庫が前期比2倍に増えているという状況について、どのように評価したらよいでしょうか。新製品を出したが売れずにデッドストックになっているという悪い評価なのか、新製品の売上げが好調なので豊富な資金力を背景に増産して在庫にしているのか。二つの見方によって、財務分析の結果も正反対になることがわかるでしょう。

　企業調査を行うには、このように財務分析と実体面の調査を併用して行うことが大事です。数値を比べて、増えたらよい、減ったら悪いというような短絡的な結論を持ち寄って、抽象的な机上だけの議論で終わらせることがないようにしなければなりません。要するに貸出業務における企業調査とは、財務分析の結果という価値判断に対して、企業の経営活動を実体面から把握することによって、その価値判断の結果を正しく解釈することといえます。

寄り道 「場味」って？

　「場味」（ばあじ）という言葉を聞いたことがありますか。
　広辞苑にも載っていない言葉です。
　私はこの言葉を20年前に出向した証券会社で知りました。証券会社で使う業界用語なのかもしれません。
　いまは機械化されてみることができませんが、昔（1999年3月まで）は東京証券取引所において株式の売買がなされる際、身振り手振りで大騒ぎしているようにみえたのが、顧客の注文を受けて売買注文をさばく人たちで、「場立ち」といわれていました。彼らは、騒がしい取引所のなかで売買を行い、その結果株価が決まります。多くの人たちは、終値という数値で前日比とか高値・安値という比較を行います。しかし、場立ちの人たちにいわせると、数字だけの比較で議論したり、論評したりする人たちは「実態がわかっていない」のだそうです。場立ちの人たちがいうには、数字という結果が出る際、どのような売り・買いの注文があり、どのような思惑があり、どのような苦労があったかが大事であり、彼らはそれを「場味」（現場の臨場感）という言葉で表現していました。貸出でも、決算書の数値だけで知ったかぶりをするのではなく、企業の実態をどれほど知るかが問われるのです。

3　どちらを優先するか

　企業調査の方法には財務面の評価と実体面の評価とがあると述べました。その際、貸出取引先の企業規模によってそれぞれの評価のウェイトに差があるでしょう。

　上場企業に対する評価のウェイトと中小企業に対するそれとでは、筆者は次のように考えます。

	財務面の評価（A） （定量分析）		実体面の評価（B） （定性分析）
上場企業	A	＞	B
中小企業	A	＝or＜	B

　上場企業の実態把握では財務面の評価（定量分析）のウェイトは高く、分析の難易度も増すでしょう。また上場企業の場合は、組織も大きく、事業の多角化やグローバル展開等々もあり、実体面での評価（定性分析）を貸出担当者が行うには限界があります。それは『会社四季報』やディスクローズされているさまざまな情報に頼ることでよいのではないでしょうか。

　一方、中小企業の実態把握は、財務面の評価（定量分析）と実体面での評価（定性分析）とは少なくとも同じウェイトで考えるべきです。筆者の経験からいえば、実体面での評価（定性分析）に若干ウェイトを高く置くほうが望ましいでしょう。

　その理由は、上場企業の財務諸表は法令に基づき正しく作成され、投資家保護が図られディスクローズされているのに対し、中小企業の財務諸表は経営者の恣意が盛り込まれているケースのほうが多いと思われるからです。中小企業の場合、利益が大きく出たときに節税策を講じたり、実態は赤字なのにそれを隠すために粉飾決算書を作成したりするケースもあります。したがって、中小企業の経営実態を把握するためには、財務諸表の数値は、その信ぴょう性の確認はもとより、実体面の評価とあいまって評価する必要性があります。また、中小企業を単なる経済機能組織とみてはなりません。生産・

販売・経理・総務等々の経営的側面において経営者の生き様や価値観や心情などの個人的尺度が色濃く現れるからです。だからこそ実体面での観察が重要になるのです。

第 5 節

企業調査の心構えと留意点

1　貸出担当者としての基本的な心構え

　貸出判断の可否を決めるのはそれぞれの段階で決裁権限を有している者です。いわゆる支店・支社の現場では支店長・支社長です。支店長の決裁権限を超える貸出案件の場合は本部（審査部・融資部）決裁を仰ぐのが一般的です。決裁権限者は取引先と常時接しているとは限りません。そのような決裁権限がある者に貸出の可否の判断を仰ぐとき、現場で貸出業務に携わる者の役割は、的確な判断を行ううえで必要な正しい情報を提供することであることは論をまちません。いやしくも、担当者として、自らの成果を求め、実績を伸ばしたいという意欲が先行し、決裁権限者が否認するような判断に傾くことにならないように、マイナス作用になりかねない情報を意識的に隠したり、承認に誘導するようなよい事柄だけを書き連ねたり、事実を誇張するような所見を書いたりすることは厳に慎まなければなりません。そのような行為をする担当者は貸出業務に携わる者として不適格であり、その任に就くべきではありません。

2　調査に際しての心構え

　貸出担当者として企業調査を行う場合の心構えとして、次の4点があげられます。

⑴　**自らアンテナ機能を発揮すること**

　なんといっても貸出先との接点という最前線にいるのは担当者です。

　自分の目でみたこと、耳で聞いたこと、話したこと、社長や社員と触れて感じたこと等々から得られる情報をキャッチするアンテナ機能を常に高く張りめぐらせておくことが肝要です。そのためには興味や好奇心、そして探究心などが求められます。あるいは取引先の誘導や思惑に惑わされないために、必要最低限の業界知識を身につけておくことも重要です。要するに、担当する取引先に興味や関心をもち、常に好奇心や感性を研ぎ澄ませておくことが大事であるということです。

⑵　**まじめかつ穏やかな姿勢で臨むこと**

　貸出業務は取引先本位に行うべきであると先述しました。銀行が自らの利益や目標を達成することを優先するような銀行本位の貸出であってはいけません。したがって、企業調査をする際も、取引先に対して高圧的な態度や高慢な姿勢で臨んではいけません。銀行は取引先に対して税務署のような法的な調査権限を有しているわけではありません。

　ただし、貸出判断や債権保全という局面では、卑屈な態度でいて、問いただすべきことも聞かないようでは、貸出担当者としての責務をまっとうしているとはいえません。取引先と交わしている銀行取引約定書の条文に基づく、必要な報告と調査は、毅然とした態度を秘めながら、まじめかつ穏やかな態度で臨むことが大事です。

⑶　**必要な予備知識を備えること**

　クレジットファイルにとじられている会社案内のパンフレットや決算書の資料には少なからず目を通しておく必要があります。最近ではインターネットに掲載されている取引先のホームページで必要な予備知識を得ることができます。

　予備知識として、取引先の企業概要、財務内容、業界動向の3点について大まかにポイントを押さえておくことが必要です。

　また、企業調査を行う際は、上記予備知識をもったうえで、あらかじめ問

題点や質問する諸点を準備して臨むことが大事です。それにより無駄な時間をなくし、効率的な調査ができます。何よりも予備知識をもつことは、取引先の都合のよいことばかりの話や無責任な説明をうのみにすることを防ぐ意味でも有用です。

⑷　情報の共有化を図ること

　企業調査は担当者一人だけで行うものではありません。もちろん担当者が取引先との接点では最前線にいますので、担当者が情報を整理し、より充実させる努力をしなければいけません。支店には課長や支店長がいます。支店長が接する取引先の相手は担当者が接している人とは異なることで、違ったルートからの情報も入ることがあります。あるいは同じ情報の内容でも、担当者と支店長とでは受止め方や評価、判断が異なることもあります。取引先からみた場合も、支店長と担当者とでは経験や実力の差があるとして、話題やそのレベルに違いが生ずることもあります。

　大事なことは、各層の段階で得た情報は企業概要表に記録し、蓄積し、だれもがいつでもみることができるように整備し、情報の共有化が図られるように努めなければなりません。

3　調査を行ううえでの留意点

　貸出担当者として企業調査を行ううえで留意するべき諸点は次のとおりです。

⑴　調査する相手側の負担軽減に留意

　調査対象の取引先にヒアリングをする場合はもとより、業界団体や同業者、個人等から情報をとるとき、相手方の負担を極力減らすように心配りをしなければなりません。調査の意義と必要性を強く訴え、わがままな調査にならないようにすべきです。具体的には、数種類に及ぶ詳細な資料作成を依頼するとか、工場等の実地調査を何度も繰り返す、また相手を銀行に呼びつけて説明させるような振舞いは厳に慎しまなければなりません。調査する相

手に迷惑がかからないようにするためには、事前に十分な準備を行い、ヒアリングや訪問を行う前に、質問事項や依頼事項をあらかじめ先方へ渡しておくことも一法でしょう。ただし、相手に迷惑がかかるからという理由で必要な調査を怠ることがあってはいけません。

(2) **客観的立場の保持に留意**

貸出担当者自らが取引先の企業調査を行う場合、特に積極的貸出方針をとっている取引先であるとき、その方針に沿うようなよい情報を優先的に取り上げようと担当者の主観が強く入ることがあります。それは、思い込みと正当化という問題が生じかねません。企業調査は、自ら立てた仮説を検証するという方法が望ましいのです。そのためには客観的立場で調査しなければなりません。自ら求める結論に沿うように主観を混入させるようでは、正しい企業調査とはいえません。自分の取引先や社長を好きになってしまうと、自らが決めた結論に誘導すべく冷静な判断を怠り、先入観で動くようになりがちですが、それは厳に回避しなければいけません。

(3) **調査で得た情報の取扱いに留意**

業界団体から得られる資料や情報の多くは公表されているものです。ところが、取引先企業がヒアリングに応じてくれた内容や調査のために作成してくれた資料のなかには、取引先にとって公表されると困るものがあります。特に、銀行内で同業他社との比較に使う場合、銀行から同業他社へ情報が漏れることを懸念する取引先もあります。企業調査によって得る情報は、当該企業の貸出判断だけに使用する旨の約束を行い、秘密の漏洩と信用を害する行為は絶対にしてはいけません。

(4) **調査期間と調査結果**

貸出担当者が行う企業調査は、調査部が行う産業調査や企業調査とは性格が異なります。調査レポートを書くことが目的ではありません。貸出判断を行う際、判断に必要な情報を集めることが目的です。よって、調査は迅速に行い、結果も明快で簡潔な表現で報告することが望ましいといえます。

第 6 節

情報の収集

1　情報の収集ルート

情報の収集ルートには次の三つがあります。

① 当該企業に関する資料収集

　企業から直接資料を受け取ったり、ホームページをみたりする。

② 当該企業へのヒアリング、会社訪問、工場見学

　経営者や財務担当者との面談、会社訪問・工場見学等を行う。

③ 側面調査

　同業他社や業界団体、あるいは仕入先・販売先、また信用調査会社から側面調査を行う。

通常の貸出判断に必要な企業調査は上記①②で十分です。③の側面調査が必要な場合は、新規取引を開始するとき、または既存貸出先であるが業績悪化が懸念され、債権保全のために客観的情報が必要とされる場合に行うのが一般的です。

2　収集資料

上記収集ルートから得ることができる資料として、次のようなものがあります。

① 当該企業に関する資料収集

◇会社案内、商品パンフレット

◇決算書(「貸借対照表」「損益計算書」「勘定科目内訳明細書」)

◇部門(商品)別売上高(受注高)明細

◇資金繰り表、試算表

◇銀行取引一覧表

② 側面調査

 ◇政府統計

  ・中小企業庁「中小企業の財務指標」(従前の「中小企業の経営指標」「中小企業の原価指標」が2005年に合冊されたものです)

  ・内閣府「機械受注統計調査」「法人企業景気予測調査」ほか

  ・総務省「小売物価統計調査」「家計調査」「消費者物価指数」ほか

  ・経済産業省「鉱工業出荷内訳表」「工業統計調査」「建設機械動向調査」「金属加工統計調査」「繊維流通統計調査」「情報処理実態調査」ほか

  ・財務省「法人企業統計調査」「貿易統計」「医療状況実態調査」ほか

 ◇政府系金融機関

  ・中小企業金融公庫「テーマ別レポート」

  ・商工組合中央金庫「中小企業設備投資動向調査」「中小企業月次景況観測調査」

  ・中小企業基盤整備機構「中小企業景況調査」「中小企業環境調査」

 ◇地方自治体

  ・各地方自治体のホームページに掲載されている統計・情報

 ◇その他

  ・TKC「TKC経営指標」

  ・金融財政事情研究会「業種別審査事典」

3　情報の集め方

　上記収集ルートを念頭に置いて情報の収集を図ります。豊富かつ良質な情報・資料が得られなくては十分な企業調査はできません。そのためには平素より情報キャッチのアンテナを高く掲げ、情報量と情報源とを確保するように不断の努力を行うことが大事です。これは貸出担当者の責務の一つと心得るべきです。

　ただし、情報を収集すること自体が目的化して、あまりにも大量の情報を広く集めすぎたり、技術や商品に関して理解できないような複雑な内容のものまで集めたりしても意味はありません。企業調査の目的は貸出判断に必要な実体面での経営状態を知るための調査であることを忘れないでください。求めうる資料の限界を知ることや、得られた情報を加工する等の工夫も大事です。

第 7 節

情報の信ぴょう性

　前節で情報の収集ルートについて述べました。そのうち①（当該企業に関する資料収集）、②（当該企業へのヒアリング、会社訪問、工場見学）は当該企業から直接もたらされるルートです。

　人は自意識として、他人からよくみられたいという基本的な欲求があるように、企業も社会からよい評価を受けたい、よいイメージでみてもらいたいと考えています。そういう意識が根底にあることから、会社案内に掲載する写真はよく写っているものを載せ、社長談話や社訓も高邁な理想を掲げ、総じて会社イメージをよくするための化粧がされているという前提で資料をみなければいけません。その意味では、決算書も化粧されている（粉飾されている）可能性もあります。

1　資料内容の限界性と制約

　中小企業が会社案内を作成したり、ホームページで自社情報を公開したりする場合、経営者は何を意識するでしょうか。上場会社の場合は、法的にも社会的にも投資家保護という観点から、経営内容や財務情報も正しく透明性ある内容の公開をしなければなりません。オーナー経営者の中小企業の場合は、会社案内やホームページを作成する意図の多くは、株主ではなく仕入先・販売先、採用試験に応募してくる学生を対象者として意識したつくりになっていると思われます。そこには会社をよくみせたいという考え方が働

き、書かれている内容に嘘はないにしても、少し化粧した姿であったり、都合が悪いことは書かなかったりすることもありえます。

したがって、入手できる会社資料の作成過程にはこのような思惑があることを承知したうえで資料を読むということを心がけるとよいでしょう。資料に書かれている内容をうのみにしたり、表面的な観察で終わったりしないように、ヒアリングなどを行うことで、情報の信ぴょう性を確認することが大事です。

2　財務諸表の信ぴょう性

貸借対照表や損益計算書は、企業会計原則、財務諸表等規則などを前提にした公正妥当と認められる会計慣行に基づいて作成されます。しかしそこには経営者の恣意性が入る余地があります。

中小企業の決算書作成事務は税理士事務所に委ねることが多いと思われます。その際、経営者は決算書作成に関する自らの意向を税理士事務所に伝え、税理士事務所は法的・手続的に選択可能な限り、経営者の意向に沿う形で決算書を作成するよう動きます。

中小企業が会社案内を作成するとき、対象者は株主ではないということを前述しました。同様に、中小企業が決算書を作成するとき、意識する対象者は株主や投資家ではなく、税務署や銀行がその対象者として意識されます。

その結果、中小企業は決算書の提出先別に、それぞれの目的に沿う形の思惑をもって、内容の異なる決算書をつくることを行う場合があります。

具体的には、銀行用には資金調達を円滑に進めるためにある程度利益が出ている決算書をつくり、税務署提出用には税金を少なくするねらいのために所得金額を小さくみせる決算書をつくり、監督官庁には指名入札から除外されないために必要最低限の利益が出た形の決算書をつくり、そして自社用に虚偽のないの決算書をつくるということが行われます。

さらに、倒産したある会社では、銀行用の決算書さえ、銀行別に決算書と

銀行別借入残高一覧表とを作成していたというケースがありました。

このように会計規程に反し、公正妥当な内容とかけ離れた決算書を意図的につくることを「粉飾決算」といいます。

粉飾決算は、前述したとおり、提出先・目的別によって、予想外に出た利益を過小表示したり、逆に利益が少ない場合は水増しして過大に表示したりすることです。そして、銀行の貸出業務にとって最も困る粉飾は、赤字を黒字にみせる粉飾です。貸出担当者は、中小企業の決算書の財務分析を行う際は、決算書が粉飾されていないかを常に念頭に置いて、「健全な懐疑心」をもって内容を精査することが求められているのです。貸出業務における財務分析は粉飾を修正することを前提に、そして実質利益を把握することが重要になってきます。

ところが、最近はどこの銀行もコンピュータ審査によって貸出の可否を判定するというビジネスモデルをもっているようです。資金繰りが苦しい中小企業のなかには、コンピュータ審査の盲点をつく形で、教科書的な決算書を作成して銀行に提出する企業も出ていると聞き及びます。

やはり決算書は、「健全な懐疑心」をもって、信ぴょう性のチェックに心がけ、納得するまで内容について検証しなければいけません。

寄り道 変な決算書と変な説明！

まず、次の業績推移をみてください。ある食品メーカーの決算状況です（金額：百万円）。

	A/3	B/3	C/3	D/3
売上高	7,000	7,100	7,200	7,300
経常利益	22	23	25	30
当期利益	22	23	25	30

どこがおかしいかすぐにわかるでしょう。

経常利益と当期利益とが同じ数値です。利益が出ているのに税金を納めていないということがあるのでしょうか。この会社に説明を求めたところ、

「税務申告用の決算書は銀行には出していない」「いろいろな処理をしているから……」といいます。それって、どういうことでしょうか。提出先ごとに作成している決算書があることを自ら認めたようなものです。

寄り道　粉飾決算のすすめ？

　本書の原稿を書いている4月初旬、数年ぶりに会った公認会計士の先輩と雑談していた時のことです。中小企業の顧客をもつその先輩がいうには、しっかり監査をしたまともな決算書を顧客が銀行に持って行くと、銀行は融資してくれないのだそうです。「こんな決算書では貸せません」と、暗に決算書を書き換えて持って来いと要求をする銀行があると聞かされました。びっくり仰天です。事実上、粉飾決算を銀行が勧めているというのです（先輩は嘘をいうような人ではありませんので、念のため）。

　貸出の可否の判断は決算書が正しいということを前提に行うものです。貸出の実行をするために稟議書として決裁が通りやすいように決算書を書き換えるというようなことを、銀行が取引先に要求するという非常識極まりない事態を聞き、私は非常に大きな憤りを感じました。

　決算書が正しくないと思われる場合は、粉飾を見抜いたうえで、問題点を承知のうえで、どこまでリスクをとって貸すか、あるいは貸さないという判断を行うのが貸出業務の仕事です。貸出目標達成のために貸すが、貸せる会社としての決算内容に体裁を整えてこないと稟議書が書けないということでしょうか。まさに、数字的目標を達成するがために、ここまで担当者のモラールが落ちた銀行があるということに愕然としました。私は、支店長を務めていた頃、貸出担当者に対して、中小企業の決算書の7割は粉飾があると思って、財務分析の際は「健全な懐疑心」をもって内容の精査をするように教えてきました。決算書の内容が赤字や債務超過であった場合、どのような方法で顧客ニーズ（借入れ）に応えられるかを考え、どうしても貸すことができないという判断に至った場合は、その理由を説明するのが銀行の役割です。返済リスクがあり、債権保全面でもリスクがある場合、安易な貸出はできません。「貸さぬも親切」という言葉があります。

　それなのに、後で不良債権になる可能性が大きいにもかかわらず、決算書の書換えを要求してまで貸出を伸ばす必要性があるのでしょうか。それを行うことで後から生ずる問題点や危険をどのように考えているのでしょうか。私にはまったく理解できません。

私は、前著『事例に学ぶ貸出判断の勘所』でそのような実績至上主義を批判しました。上記のような者は貸出業務の担い手として失格です。同書第1章「貸出業務の本質」第4節「貸出業務の判断基軸」において書いた、「貸出業務の「王道」とは何か」「理性に基づく貸出判断」を熟読精読していただき、強く反省を求めます。

第 2 章

取引先概要表

第 1 節

事例紹介

1　事例 3

　　S支店に新しい支店長が着任しました。新支店長は融資部の経験が長いためか、貸出取引先のクレジットファイルを回すと記載項目についていろいろなことを担当者に質問してきます。同支店の貸出担当課のメンバーにとってそれまで経験したことがないことであり、聞かれても答につまってしまうこともあり、戸惑いを隠せないようです。

　支店長　森田君、三全商会のファイルをみたんだが、取引先概要表に書いてあることで、ちょっと教えてくれるかな。君は三全商会を担当して何年になる。

　森　田　当店へ異動して来てからずっと担当していますから、そろそろ2年になります。

　支店長　そうか、じゃあ三全商会のことについてはいろいろなことを知ってるよね。

　森　田　まあ、そこそこのことは……。

　支店長　最初に聞きたいのは、この会社はなぜ「三全商会」という名前なの。「三全」とはどういう意味かな。

　森　田　はあ。会社名ですか。それは……わかりません。

　支店長　ここは山田社長一族の同族経営の会社なのに、山田商会ではな

く三全商会というのはなぜだろうかと思ったんだ。

森田　会社名の由来を聞いたことはありません。

支店長　山田一族で山田商会ならばわかるが、「三全」という言葉を社名に使っているというのは、なんらかの意味があると思ったんだ。広辞苑で調べたのだが「三全」という言葉は載っていなかった。

森田　会社の名前を広辞苑で調べたんですか。

支店長　何かおかしいか。わからない言葉や、知らない単語を調べるのが奇妙にみえるかな。

森田　だって、固有名詞じゃないですか。

支店長　君は「十全」という言葉は知っているか。

森田　いえ、聞いたこともありません。

支店長　私は以前、十全商事という会社を担当したことがある。「十全」という言葉はちゃんと広辞苑に載っていたぞ。「十全」という言葉の意味は、「完全なこと。まったく欠点がないこと。十分に整っていて危なげがないこと」だ。それを会社名にしたのは、創業者が「完璧な会社、欠点のない会社」をつくりたいという想いを込めたからだった。だから「三全」というのも、なんらかの意味があるはずだ。森田君、社長に今度会う機会があったら、会社名の由来や意味を聞いてごらん。そういうことを聞かれると、社長は結構嬉しいものだよ。

森田　わかりました。今度聞いてみます。

――後日、森田君は三全商会を訪問しました――

森田　こんにちは。社長、今日はちょっとお聞きしたいことがあるのですが。実は今度赴任してきた支店長に、三全商会という会社名の「三全」とはどういう意味なのかと聞かれたんです。私は答えられなかったのですが、何か特別の意味があるのですか。

社長　へえ、今度の支店長がそんなことを森田君に聞いたのか。なか

なかだねえ。いままで会社名の由来を聞くような支店長や担当者はいなかったな。

森　田　私も50以上の会社を担当していますが、会社名の由来を気にしたことは一度もないですよ。変わった支店長ですよ。

社　長　森田君、変わった支店長ではないと思うよ。私はまだ新任あいさつの名刺交換をしただけで、話したことはないが、こういうことに関心をもつ支店長は結構できる人だと思うよ。

森　田　そうですか。どうしてですか。

社　長　融資を受けている会社の経営者からすれば、自分の会社に関心をもってもらえることは嬉しい。社名は会社のシンボルの一つだし、そこにどういう意味があるのかと、創業者の意図を見出そうとする支店長は立派だよ。

森　田　そうですかねえ。ところで「三全」ってどういう意味なのですか。

社　長　うちは30年前に父が創業した会社だ。父は独立して会社をつくるとき会社名で悩んだそうだ。日用品の雑貨卸だが、普通は山田という自分の名前をつければすむけれど、父はいろいろと考えたそうだ。そこで思いついた名前が「三全」なのだが、「全」は「完全の全」の意味で、「三つの完全」を目指す会社にしたいという願いを込めて「三全」としたそうだ。

森　田　三つの完全とは何ですか。

社　長　それは、一つ目はお客様に対するサービスや満足度が完全でありたい、二つ目は従業員にとって働く喜びを感じられる、生きがいがあるという面で完全な会社にしたい、そして三つ目は経営内容において完全でありたいということでこの会社名にしたんだ。父が会社を興す際の目標とした言葉なのだよ。

森　田　素晴らしい話を伺いました。早速支店長に報告します。

――森田君は帰店後、上記内容を支店長に報告しました――

> 支店長　担当先の会社名を覚えるのは当然だが、なぜそういう社名なのかということに関心をもつことは大事だよ。社名には創業者のロマンや経営方針が込められていることがある。そういう由来を聞くことで、親密度が深まり、会社を理解することにもつながるものだよ。

2　事例4

> 支店長　千田君、ABC商事のことで聞きたいのだが。
> 千　田　はい、どのようなことですか。
> 支店長　この会社の概要表はブランクの箇所が多いね。作成日も一昨年の6月だね。随分と時間が経っているし、直近決算の情報も入っていない。これではダメだね。
> 千　田　すみません。
> 支店長　私は支店長として全取引先を訪問し、すべての経営者とゆっくり話す時間的余裕はない。だから取引先概要表をしっかり読むことでその会社のイメージをつかむように努力しているんだ。取引先概要表は支店長のためだけに書くのではなく、貸出担当者としてその会社に関する情報を取引先概要表に正確に記載することで、実態把握を行うという重要な仕事をしていることにつながるのだから、手抜きをしないでやってもらいたい。
> 千　田　申し訳ありません。
> 支店長　昨年3月期と今年3月期の決算書はもらっているね。
> 千　田　はい、いま持って来ます。
> 支店長　決算書はクレジットファイルにとじておかなければいけないルールだろう。ちょっと昨年と今年の決算書をみせてみなさい。

……。あれ、ABC商事は増資をしたのか。資本金が変わっているぞ。

千　田　……。

支店長　増資という大事なことさえ、取引先概要表には書かれていない。

千　田　聞いてはいました。

支店長　君はそれを聞いて知っていても、組織がその情報を共有化できていなければ意味がない。重要な情報はすぐに伝え、報告するとともに記録して情報の共有化を図らなければいけない。これは基本だよ。ABC商事の資本金は7,000万円から1億円になっている。千田君、増資によって何が変わるかな。

千　田　資本金が変わります。

支店長　それは当り前だ。資本金が変わるということは、株主構成のメンバーの変動や持株シェアにも変化があるはずだ。そして何よりも、増資を行った理由が何かという点がポイントになる。経営判断で自己資本比率を高めるということもあれば、経営権の争いが背景にあることによることも増資を行う要因としてありうる。また、資本金を1億円にしたことにも経営の意図があるはずだ。千田君は1億円の資本金にしたことをどう思うかね。

千　田　1億円という数字のキリがよいからでは……。

支店長　資本金が7,000万円なのと1億円なのとでは大きな違いがある。どういう違いがあるかわかるかな。

千　田　所轄が税務署から国税局になります。

支店長　そうだね。資本金が1億円以上になると、その会社の所轄は税務署から国税局の調査課に変わる。それだけではないよ。税金の扱いが大きく変わるんだよ。資本金が1億円以上になると、法人事業税の外形標準課税の対象になって、所得のほかに付加価値とか資本金額に応じて課税され、赤字のときでも課税されるように

なる。交際費は会社の損金に算入されなくなるし、法人の税率も違ってくるはずだ。中小企業に認められていたいろんな優遇税制の適用もなくなる。

千田　はい。わかりました。

支店長　本当にわかったか。よく勉強してね。私が気になるのは、税金の扱いの変化ではなく、増資によって株主メンバーに変化はないか、持株シェアがどのように変わったかだ。そこの点をよく調べておいてほしい。

千田　わかりました。

支店長　わかったら概要表にきちんと記し、報告すること。

——千田君はヒアリングした結果を支店長に報告しています——

千田　支店長、増資の件について社長宛に聞いてきました。

支店長　ごくろうさま。どうだった。

千田　3,000万円を増資しましたが、社長一人で引き受けたそうです。これによって社長の持株シェアが60％になりました。

支店長　増資の目的は何でしたか。

千田　営業所を出店するための設備資金と聞きました。

支店長　ほかに聞いてきたことは。

千田　それだけです……。

支店長　それでは貸出担当者として50点以下だな。もっと聞き出すことはあるぞ。いいかね……。社長の増資払込みの金はどこから出たか。主力の甲銀行から個人借入れをしたのか。ここ2年間の売上げが伸びていないのに営業所を出す理由は何か。その設備資金調達を借入れでなく、増資で賄ったのはなぜか。そして国税庁所管になる1億円の資本金にしたのはどうしてか……。

千田　はい、はい……。

支店長　はいはいではなく、私が疑問としてあげた諸点について、担当者である君が問題意識をもち、自ら回答を求めることが大事なん

> だ。そこに、将来、上場したいという計画のシナリオができたのか、それとも経営権をしっかり確保するためだけの増資なのか。
> 千田　……。

3　事例から学ぶこと

　〈事例3〉は、支店長が取引先概要表をみて、まず会社名の由来から話が始まりました。〈事例4〉では、資本金の変化に気づいたことからいろいろな話に発展しました。

　取引先概要表は、それをみて、読むことで、その企業の概要が把握でき、自行との取引経緯の概略もわかるように書かれています。すなわちこの資料は貸出取引先の調査書であり、貸出取引の経歴書でもあります。そこに書かれていることは貸出判断を行う際の情報になり、また取引拡大のチャンスとしての材料にもなります。まさに、取引先概要表は貸出業務の情報の基礎であり、宝庫となる重要なものです。

第 2 節

取引先概要表

　どの金融機関にも貸出先である法人の企業内容のエッセンスを書き記した概要表が存在すると思います。それぞれに「取引先概要表」「取引先要項」「企業調査表」「信用調査書」「法人カード」などと名称は異なるにしても、貸出先の企業の実態が一覧できるような書面が1、2枚あると思います。本書ではそれを「取引先概要表」という名称で統一して話を進めます。

1　取引先概要表の必要性

　貸出担当者は、貸出業務マニュアルに従い、貸出先の企業概要を要約した形の取引先概要表というものを作成しなければいけないという義務感からそれを書いているかもしれません。しかしそれは、マニュアルで求められているから作成するというような消極的な姿勢で行う仕事であってはいけません。

　担当者は、自らが担当する貸出取引先の全社について、その実態を把握することが求められています。担当者によって、取引先概要表に記載すべき項目のほとんどは自分の頭に入っているからということで、取引先概要表の作成に対して関心度が低い者がいるかもしれません。しかし、取引先に関する情報を記録化して情報を組織で共有化するためには、内容の正確性と充実性を意識し、しっかりと書かなければいけません。

　また最近は、取引先概要表を担当者が手書きで埋めるということではなく、システマティックに自動作成されてくるために、その中身を再検証する

ことを怠り、自らチェックすることがおろそかになっていることはないでしょうか。往々にしてアウトプットされた資料は正しいものだという思い違いをしていませんか。作成の合理化、効率化がされていても、入力内容が間違っていたり、古いものであったりすることがあるので、自動作成でアウトプットされた取引先概要表でも内容のチェックは必要です。

　支店長は全貸出取引先に行くことはできません。支店長の訪問先は、貸出金額上位先、主力・準主力という親密先、債権保全面で緊急性ある先、貸出案件の重要性・優先度が高い先、トップ交渉が必要な先等々、判断によって決められることが多いと思います。ところが、支店長は一度も訪問したことがない先でも貸出判断を行わなければいけません。あるいは、数回しか訪問していない先で、担当者ほどは実態把握できていない先に対しても貸出判断を行わなければいけません。

　さらに、融資部・審査部で貸出審査を行う人たちは、支店からあがってくる稟議書だけで貸出判断を行います。本部で審査を行う人たちは当該貸出先を訪問することなく、ファイル観察だけで企業実態を知る努力をしています。

　すなわち、支店長や本部の人たちにとって取引先概要表はその企業を知るうえで非常に重要なものです。担当者にとっては承知の内容かもしれませんが、支店長と本部の人たちにとっては、取引先概要表こそが当該貸出先に対する企業イメージを把握する第一歩であり、企業実態を知るうえで必要不可欠な資料となっているのです。

2　取引先概要表を作成する意義

　取引先概要表は、これを一見するとその貸出先の企業概要があらかた把握できるものでなければいけません。そのためには、取引先概要表は少なくとも、企業概要が一覧でき、かつ取引経緯・取引状況も一覧できるものでなくては役目を果たすものとはいえません。

取引先概要表を作成する意義は3点あります。
① 情報の蓄積……過去からの取引経緯と現状把握との集大成
② 情報の共有……担当者から支店長まで、そして審査所管部との共有
③ 営業の材料……銀行のあらゆる機能の営業材料発掘の切り口

取引先概要表を作成する場合、作成する担当者としてはわかっている内容であっても、それを読む人の立場に立って作成しなければ、単にマニュアルに従って作成したものにすぎません。事務的に項目を埋めればよいという考えで作成するのではなく、読む人にその会社のイメージを具体的にわかってもらえるような、わかりやすい言葉と内容とで書かなくてはいけません。その際の注意事項、ポイントは次の3点です。

① 年1回は必ず更新する。更新時期は決算月の3～4カ月後が望ましい。記載内容に変更があった場合は、そのつど修正して書き換え、書き加える。
② 出力された項目に間違いがあれば必ず修正し、修正登録を行っておく。
③ 業種名、事業内容、商品等は具体的に書く。会社案内や商品カタログは極力もらい受け、ファイリングしておく。

特に業種コードで出力される場合、「製造業」「卸売業」「サービス業」では具体的事業内容がわかりません。これらは、たとえば以下のように具体的なイメージがわくように記述しましょう。

◇製造業……食料品製造業、出版印刷同関連産業、プラスチック製品製造業
◇卸売業……繊維衣服等卸売業、飲食料品卸売業、機械器具卸売業
◇サービス業……医療業保健衛生業、教育、廃棄物処理業

中小企業庁編『中小企業の財務指標』で経営数値・経営指標を比較できるように、同書で使用している業種分類と同じ業種にすると便利でしょう。

3　取引先概要表の記載項目

　先に述べましたように、取引先概要表は少なくとも、企業概要が一覧でき、かつ取引経緯・取引状況も一覧できるものでなくてはいけません。そのために必要な記載項目は次のとおりです。

　① 　企業の概要を把握する
　　　i 　商号・所在地
　　　ii 　代表者名・経歴
　　　iii 　資本金
　　　iv 　業種
　　　v 　創業年月・設立年月
　　　vi 　従業員数
　　　vii 　株主構成・持株数
　　　viii 　役員名
　　　ix 　営業所、工場、その他不動産
　　　x 　関係会社
　　　xi 　格付
　　　xii 　主要仕入先・主要販売先
　　　xiii 　取引銀行
　　　xiv 　直近3～5期決算概要
　② 　取引経緯を知る
　　　i 　その会社の沿革
　　　ii 　取引開始日
　　　iii 　取引開始の経緯
　　　iv 　取引方針
　　　v 　その会社の経営上の課題
　　　vi 　取引上の留意点
　　　vii 　人の評価

viii　モノの評価
　　　ix　主な取引経緯

　これらを記載する取引先概要表の様式・フォームは各金融機関で個別に定められています。

　取引先概要表に記載されている内容を貸出判断、取引深耕にいかに結びつけるかが大事です。まさに取引先概要表を最大限に活かすことが貸出業務では重要です。

　ただ記載項目を文字で埋めるだけではなく、そこから何を読み取るかが問われるのです。次章では、取引先概要表の記載項目のそれぞれについて、項目の意味を理解するとともに、そこからどのようなことが読み取れるか、何を読み取るべきかについて述べたいと思います。

寄り道　「聞くは一時の恥、聞かぬは一生の恥」

　自分が担当する取引先概要表を読み直したとき、項目に書かれている内容があいまいだったり、そこからは具体的イメージがつかめなかったりすることがあると思います。取引先概要表を充実させなければいけないという意識はあるのですが、長年の取引先であるがゆえにいまさら聞きづらいという意識があってそのまま放置したりしていませんか。あるいは、この会社の社長はうるさ型なので、下手に質問すると「銀行にいままでの記録はないの」と嫌味をいわれたり、怒鳴られたりしたらどうしようかと思い込み、聞くに聞けず、わかりづらい記載内容のままにしているということはありませんか。

　「聞くは一時の恥、聞かぬは一生の恥」という言葉を知っていますか。「聞くは一時の恥、聞かぬは末代の恥」ともいいます。『広辞苑』によると、この言葉の意味は「他人に聞くのが恥ずかしいからといって、知らないことをそのままにしておくと、一生知らないままになり、その恥は後の世までの大きいものになる」と書かれています。わからないことやあいまいなことは取引先にたずねて確認する姿勢が大事であるということを再認識してください。

　「聞くは一時の恥、聞かぬは一生の恥」という言葉の後に、「見ないは一生の損」というフレーズをつけて使うことがあるようです。まさに実態把握の基本に結びつく言葉だと思います。

第 3 節

他の資料との一体的活用

　取引先概要表が単独でその役割を担えるよう、記載内容の充実を図ることが重要であることは前節までに述べました。その際、いろいろな資料から調べた内容や資料から引用した内容を記入することが多いでしょう。具体的には、会社の概要に関して会社案内やホームページを参考にします。取扱商品は商品パンフレットから知り、売上げや利益の金額は決算書から転記します。

　このように取引先概要表を構成する項目の情報源となる資料は大事なものであり、一緒にファイリングし、取引先概要表と一体化して利用すべきです。それらの資料は情報の源であるという理由だけでなく、写真をみることでビジュアルな効果が得られるからです。

　たとえば会社案内には、本社や工場の写真、社長の顔写真、社内・工場内の様子、会社所在地がわかる地図などが掲載されています。また会社案内や商品カタログ、パンフレットをみれば、取り扱っている商品をみることができます。このように取引先概要表は、いろいろな資料と一体にみることで企業イメージをより具体的に把握することができるのです。

第 3 章

取引先概要表の作成

第 1 節

事例紹介

1　事例 5

　新しくS支店に着任した支店長は、貸出稟議書を回付すると、稟議書をみる前に必ずクレジットファイルの取引先概要表をじっくりとみることから始めます。そのことについて鈴木君が支店長に質問をしました。

鈴　木　支店長、ちょっとお聞きしたいことがあるのですが、いいですか。

支店長　どうぞ何なりと。

鈴　木　支店長は貸出先のクレジットファイルを回すと、まず取引先概要表をじっくりとご覧になりますが、どうしてですか。

支店長　私は必ずファイルをじっくりと読むことにしているが、君たちは私の行動をじっくりと観察しているのかい。

鈴　木　いいえ、めっそうもありません。ただ貸出担当課の皆が、取引先概要表に記載していることについて、支店長からいろいろと質問されて困って……ではなく、正直いって戸惑っているようです。

支店長　わからないことや興味や関心があったら、担当者に聞くようにしているが、それが迷惑なのかな。

鈴　木　迷惑ではなく、勉強になることが多いです。本当です。でもな

ぜそのようになさっているのか、また支店長なりの取引先概要表の読み方があるならば、ぜひ教えていただきたいと思いまして……。

支店長　そうだね。私のやり方が正しいかどうかは別にして、私がどういう読み方をしているか皆に伝授することは意味があるし、教育にもつながるので、ぜひ勉強会で話してみたい。

鈴　木　お願いいたします。

──鈴木君の話を受けて、支店長は勉強会を行いました──

支店長　私が取引先概要表をじっくりみてからいろいろなことを質問することで皆が迷惑だと感じているようだが……。

友　田　そんなことはありません。ただ、どのようなポイントでみていらっしゃるか、後学のために皆が知りたがっているということだと思います。

支店長　嬉しいね。今日は、私が、なぜ、どのようにして取引先概要表をみているかを教えたい。いま「みる」といったが、みるのではなく、本当は「読む」というのが正しいかもしれない。私は取引先概要表をじっくりと読んでいるんだ。

友　田　先日は、森田君が会社名の由来を聞かれたそうですが。

支店長　取引先概要表に記載されている項目は、そこに記載することに意味があるから記載項目になっていると理解しなければいけない。そのように考えると、どの項目にもそこから知ること、学ぶことがあると思って、じっくり読む姿勢が大事だよ。逆にいうと、そのように読まれることを意識し、また担当者として取引先概要表の内容を充実させることが、貸出の判断のみならず貸出先への事後フォローにつながると考えるとよいと思う。したがって、作成する側の人は、一つひとつの項目に対して、しっかりと向き合って読み、作成しなければいけないということになる。会社名だって「○○株式会社」とみるだけですませてもよいが、会

社名に経営者や創業者の想いが込められているならば、それを理解することが会社を理解することにつながることにもなる。そうは思わないか。

森　田　三全商会の社長は、会社名の由来を聞かれて喜んでいました。

支店長　なぜ私が取引先概要表をじっくり読むのかというと、私はその会社のイメージを把握するために読んでいる。支店長職として、貸出取引先のすべてを訪問することはできないし、一度はあいさつに行ったことがあったにしても、その会社の内容や実態までが頭に入っているわけではない。しかし、貸出の判断をするとき、資金使途の検証を行うことも大事だが、その前にその会社の実態を把握する必要性がある。

畑　山　取引先概要表をじっくり読んで、会社の実態がわかるものですか。

支店長　取引先概要表のそれぞれの項目がしっかり書かれているならば、それを読むことで完璧とはいえないが会社のイメージをとらえることができ、ある程度ではあるが実態もわかる。

畑　山　本当ですか。

支店長　「ある程度」といったが、もちろん取引先概要表をしっかり読んだにしても書面上のことだから、実態把握にも限界があることは否めない。一方、長年その会社を担当してきた者と違って、冷静かつ客観的にその会社のことをみることができるともいえる。

鈴　木　まず会社案内をみることはしないのですか。

支店長　もちろん会社案内があればそれもみるよ。でも、会社案内はどの会社もちょっとカッコよくつくられているだろう。写真だって実際よりよく写っているじゃないか。あれは自分の会社をよくみせるようにつくっているからなんだ。取引先概要表は、身上書や履歴書のようなものだと思ってじっくりとそれを読めば、その人のイメージをもつことができるのと同じだと思えばよい。そして

　　　　　会社案内の写真はお見合い写真と同じように、よいところを選ん
　　　　　でみせていると思ってみたほうがよいと思っている。
友　田　なるほど、そうですね。
支店長　それでは、会社のイメージを把握するために、取引先概要表の
　　　　　記載項目ごとにどのような読み方をしているか、詳しく教えた
　　　　　い。
鈴　木　よろしくお願いいたします。
支店長　それから一つ付け加えておきたいことがある。私が取引先概要
　　　　　表をしっかりと読むことは、その会社の実態把握に努めるためと
　　　　　いった。実はもう一つ大事な意味があると私は思っている。それ
　　　　　は、取引先概要表を充実させることは、その会社の内容を後任者
　　　　　や組織に引き継ぐことができると考えているからだ。取引先概要
　　　　　表は企業取引の基本となる情報が集積されているからだ。

2　事例6

支店長　河津君、来週の金曜日は鶴亀商事の駅前店の開店日だったね。
河　津　はい。支店長には記念パーティーの招待状も来ています。
支店長　お祝いはどうする。
河　津　その件ですが、支店長に相談しようと思っていたところでし
　　　　　た。どうしましょうか。
支店長　どうしましょうかと私に聞く前に、昨年の一番町店の開店の時
　　　　　はどのような対応をしたの。
河　津　ええ、どうだったかな。確かお花とお祝い金1万円を持参した
　　　　　ように記憶していますが……。
支店長　河津君、取引先概要表の取引経緯欄にその記録は書いてないの

か。

河　津　すいません、書いていませんでした。

支店長　取引先概要表の取引経緯欄は何のためにあるのか知っているよね。冠婚葬祭や接待・被接待、トラブル等々、取引上記録しておくべき主要な経緯を書き留めておくところなのに、書いていないのか。

河　津　申し訳ありません。

支店長　鶴亀商事の支店開店時には、毎回当行が設備資金を出している。主力銀行としての対応をどうするか。今度の駅前店はいままでの支店に比べ大型店舗で、同社の期待がかかった店なので、今回は本部から豊田常務に来ていただこうか。この機会に鶴田社長にもごあいさつをいただき、親交を深めるきっかけにしてはどうだろうか。

河　津　そうですね。今回の設備資金に際しても準主力のM行が頑張っていたので、主力行として常務に来ていただけると支店にとってはありがたいですね。早速、秘書課に豊田常務の都合を聞いてみます。

支店長　頼みます。あと河津君、鶴亀商事の支店開店時にどういう対応をしたかについては、必ず取引先概要表の主要取引経緯の欄に記録しておくこと。いいね。

河　津　はい、わかりました。

支店長　次に……、松沢君はいるか。

松　沢　はい、何でしょうか。

支店長　荒谷物産の担当は君だったね。

松　沢　はい。会長の社葬の件ですか。

支店長　そうだ、勘がいいね。葬儀には参列するが、対応はどうする。

松　沢　昨年、会長の実兄である相談役（前会長）が亡くなった時と同じ対応を考えています。具体的には、頭取名で弔電を出し、支

	長は3万円のお香典を持って行っていただくことでいかがでしょうか。
支店長	これは……。
松　沢	昨年の相談役の社葬と同じです。
支店長	取引先概要表の主要取引経緯にちゃんと書いてあるか。
松　沢	はい、記録しています。
支店長	おおい、河津君。聞いたか。こういうふうに記録してあると便利で助かるから、鶴亀商事の対応もしっかりと記録しておいてくれよ。
河　津	はい、わかりました。

3　事例から学ぶこと

〈事例5〉は、支店長が貸出担当者を相手に勉強会を開き、取引先概要表を読むことの意義について語っています。これについては、第2節で取引先概要表に記載されている項目ごとに読む側のポイントを示し、作成に必要な知識を加え、企業概要の把握の仕方について述べます。

〈事例6〉は、企業概要とは別に、主要な取引経緯の記録化を話題にしています。これについては第3節で取引経緯における事実を知ることの重要性について述べ、事実を記録することで、情報を組織で共有化できることの意義について述べます。

第 2 節

企業概要の把握

1　商号・所在地

(1)　商　　号

　担当する貸出先の商号（＝会社名）を知っていることは当然のことです。商号は人でいう「氏名」と同じで、法人である会社の氏名です。商業登記簿謄本に記載されています。

　担当先の企業がなぜそういう商号・会社名なのかということを考えたことがありますか。創業者はどうしてそのような商号にしたか、あるいは現経営者はなぜいまの商号に変えたかを知っていますか。

　子供が生まれ、親が子供に名前をつけるとき、いろいろな想いや考えや夢を託した名前を考えます、決していい加減に名前をつけるわけではありません。同じように、商号・会社名は創業するときに創業者が考えます。商号には、創業者の考え方、経営方針、あるいは創業者がその会社に託す夢やロマンが込められていることが少なくありません。

　商号の由来を知ることは創業者の考え方や夢を知ることでもあり、取引先の実態把握の第一歩であると私は思っています。また、商号の由来を聞くことで、取引先を理解し、親密度が増す機会になることもあります。

　貸出担当者として取引先へ初訪問しあいさつするとき、商号の由来を質問すると、先方は自分の商号に興味をもってくれることに喜びを感じてくれると思います。担当者として、幸先よいスタートをするために、まずは商号の

由来をたずねることをしてはいかがでしょうか。

　由来を聞き、その意味が伝えておくべきものであるならば、必ず取引先概要表にその由来を書き記しておくことです。銀行の担当者は数年ごとに変わりますが、組織としてそのような情報を記録しておくことで、組織としてその情報を引き継いでいくことができます。

　第2章第1節〈事例3〉で、三全商会という名前を例にして、商号を聞くことの意味を書きました。この例に限らず、国内でよく知られている会社名の由来をインターネットで調べたら次のように書かれていました。知っていましたか。

　　◇資生堂……「資生」は中国「易経」の言葉
　　◇参天製薬……「参天」は中国「漢書」の言葉
　　◇積水化学……「積水」は中国「孫子」の言葉
　　◇ミノルタ……「実る田」のカナ表記
　　◇ロッテ……ゲーテの「若きウェルテルの悩み」に登場するヒロインの
　　　名にちなむ
　　◇パイロット万年筆……セーラー万年筆（水夫）に対し、パイロット
　　　（水先案内人）
　　◇ニッカウヰスキー……ニッカは「日本果汁」の略
　　◇ブリヂストン……創業者石橋家のブリッジ（橋）とストーン（石）
　　◇美津濃……創業者「水野」家の「水＝美津」と出身地「美濃」を合体
　　◇小岩井農場……共同創始者である小野さんと岩崎さんと井上さんの頭
　　　文字
　　◇ラオックス……ラテン語のLAR（家庭の守護神）とVOX（声・音響）の
　　　造語
　　◇キヤノン……観音様→KWANON→CANON
　　◇フマキラー……FRY（蠅）＋MOSQUITO（蚊）＋KILLER（殺し屋）
　　◇ダスキン……ゴミ（ダスト）＋雑巾の巾（キン）
　　◇リョービ……発祥地である広島県の地名「両備」から

第3章　取引先概要表の作成　51

◇オムロン……創業ゆかりの地である京都御室（おむろ）にちなんで
◇カネボウ……東京都墨田区鐘が淵にあった鐘が淵紡績から

　あなたが担当する貸出取引先の商号、創業者や経営者の夢や経営方針が込められたものかもしれません。一度、商号の由来をたずねてみてはいかがですか。そして、商号に創業者や経営者が語る熱き想いが乗せられている場合は、取引先概要表に必ずその由来を記録し、後々まで引き継ぐことが大事です。新規に取引開始する会社のときは、商業登記簿謄本で商号の確認をしておくとよいでしょう。そのポイントは、商号変更が何回も繰り返されていないかの確認です。

　CI（コーポレート・アイデンティティ）によるイメージ転換を図るような商号（社名）変更ならば問題はありません。たとえば、□□金属をメタル□□にする変更や、吉田耕三商店をヨシコーと変えるケースに問題は見当たりません。企業イメージを変えるために、商号を横文字やカタカナに変えることが流行した時期がありました。ここで注意を要するのは、まったくの別会社に変わるための商号変更と認められる場合です。また、商号だけからはどういう会社か、何をやっているのかうかがい知れない商号に頻繁に変更されている場合も要注意です。乗っ取り、買収、合併という理由だけでなく、休眠会社の買取りとか、計画倒産ということで商号変更をするケースもあります。商号変更を何回も行うということは、世間に実態を知られたくない、過去を隠したい・消したいという意識があるからです。商号変更をしなければならないなんらかの事情が背景にあるこれらのケースは、詐欺集団がよく使う手段ですので、十分な企業調査を行う必要があります。

寄り道　商号に秘めた社長の想い

　筆者はかつて○○部品販売という会社を担当したことがありました。創業社長の名字は△△。私は社長に商号の由来をたずねました。社長の説明では、その会社の所在地である市のなかに○○町という所があり、そこで創業したので、創業の町の名を商号にしたということでした。後日、社長と同じ

車に乗って〇〇町を通りました。私が「社長、ここが創業の地ですね」といいましたら、社長は首を振って、次のような話をしてくれました。
　「支店長、〇〇という会社名は創業の地であるこの町の名前からとったといいましたが、実は違います。私が前にいた会社から独立してこの会社を興そうと思ったのは、〇〇精機というメーカーの製品にほれて、そこの製品をメインに売りたいと考え、そのメーカーの名前（〇〇精機）を拝借してつけた名前です。ところが、独立して、実際に〇〇精機の製品を販売するにあたり、仕入れをするたびに同社からいろいろな注文や無理難題が突き付けられ、正直いって〇〇精機が嫌いになりました。だから、〇〇精機の名前から命名したという説明する気にはなれず、市内にある同名の町の名を創業地と偽り、それを商号にしたという説明をしたのです」
　その後、△△社長と〇〇精機との関係は持ち直したようです。このような話を知ることで、創業時の経営者の想いや仕入先との関係の一端がわかり、会社の歴史を知ることができました。

(2) 所在地

　所在地とは、まさに会社がある場所・住所のことです。そんなことまで気にする必要があるのかと思う人が大半でしょう。

　既存取引先の本社所在地が貸出判断の可否に影響することはまずありません。ただし、実質的な本社所在地が商業登記簿謄本に記載されている所在地と異なる場合があります。その場合、登記上の本社所在地が実際と異なる理由を確認しておくとよいと思います。当該取引先の会社発展の歴史やオーナーの思い出につながる出来事に関連していることがあります。このようなことも一度聞いておき、取引先概要表に書き留めておくと、後々まで情報を伝えることができます。

　所在地について、銀行の取引店との距離が問題になることがあります。本来の自店テリトリーを越えた遠隔地にある会社との取引は、過去になんらかの理由があるはずであり、取引の歴史や経緯を知るうえでもその事情を把握しておくべきです。

　創業当時は自店テリトリーにあったが、会社の成長発展とともに本社を現在地に移しているものの、銀行取引はもとのままにしているケースがありま

す。あるいは、取引のきっかけになった理由が、人の縁や商売上の取引先の紹介が縁で、遠隔地ながら取引を開始したというケースもあると思います。さらに、外為取引が発生するが近隣の支店では取扱いができないため、遠隔地の支店が取引店になっているというケースもあります。

遠隔地取引は訪問頻度の低下につながります。外訪活動の合理化・効率化を考えるとき、どうしても遠隔地へ行く頻度は落ちます。それは取引の親密度の希薄化につながることを意味します。そのことで情報の入手が遅くなり、実態把握に支障をきたすことになります。その会社の近隣にある他行攻勢に対する防衛に不利になったり、業績悪化の予知が遅れ、倒産兆候を見逃すことにもなったりしかねません。

取引先の所在地が遠隔地の場合は、その理由を承知したうえで、最寄店への移管が可能かを検討することは大事なことです。それでも諸事情により遠隔地取引を続ける場合は、取引の親密度や管理の問題を念頭に置いた訪問に心がける必要があると思います。

特に貸出取引がある場合は、債権管理上、距離が意識や情報の疎遠になるようなことがあってはなりません。

ここで私が問題視することは、新規取引開始先の本社所在地の確認についてです。そのポイントは二つあります。

① 本社所在地（＝登記地）が頻繁に変わっている場合。
② 雑居ビルやマンションの一室が本社所在地である場合。

この２点に該当するすべての企業に問題があるとは言い切れませんが、このようなケースにあてはまる会社には、俗にいわれる「パクリ屋」「取込み詐欺」の手の会社があるので、注意を要すべきです。

2　代表者名・経歴

(1)　代　表　者

代表者名（＝氏名）が貸出判断に影響を与えることはありません。ただ

し、オーナー経営の中小企業であるにもかかわらず代表者名と筆頭株主名とが異なる場合は、その理由を確認しておくことが大事です。ここで「代表者＝社長」、と安易に考えている人はいませんか。あるいは「代表取締役」と「取締役社長」とは同じだと思っている人はいませんか。ここでは、貸出担当者として「代表者」という言葉について知っておくべき事項を述べます。

会社法349条には、「取締役は、株式会社を代表する。ただし、他に代表取締役その他株式会社を代表する者を定めた場合は、この限りでない」と書かれています。端的にいえば「代表取締役が株式会社を代表する権限（代表権）を有する」ということです。代表取締役は、二人以上の取締役がいる会社を代表して、対外的には単独で会社を代表して契約等を行うことができます。また、代表取締役の業務執行権限は、株主総会や取締役会の決議に基づき、業務の裁判外または裁判上のいっさいの行為に及ぶ包括的権限を有します。しかし、取締役会の決議により代表権を制限することは可能です。

ここで大事なのは「代表者＝社長」ということではありません。「取締役社長」は「代表権がない社長」であり、「代表取締役」が法律的に会社の「代表者」ということになります。単に「取締役社長」という場合、その会社内では社長と位置していますが、ほかに代表権のある代表取締役会長がいると思われます。社長には代表権を与えず、会長に代表権がある場合もあります。なお、会社法では、取締役と代表取締役との二つしか規定はありません。会長、社長、副社長、専務、常務という言葉は社内における通称で、これらは登記されません。また、代表取締役は一人とは限りません。代表取締役会長、代表取締役社長、代表取締役副社長、代表取締役専務などもありえます。銀行に提出された書類は、代表権がある人の署名捺印になっていますか。代表取締役ではない社長や副社長の行為は、代表権がないことを知らなかった第三者に対しては代表権があったものと扱われ、会社側が責任を負うことになります（会社法354条：表見代表取締役）。

> **寄り道** 「取締役社長」ではダメ!?
>
> 　昔、聞いた話です。某社が新商標の登録をしようと弁理士を通じて、特許庁に出願することにしました。その際、某社は弁理士に必要とされる委任状を渡しました。弁理士は、その委任状と出願に必要な書類とをもって特許庁に申請をしました。
> 　ところが、特許庁は、某社からの委任状における委任者は「取締役社長」という肩書きであったため、代表権がある者からの委任状とは認められないという理由で不受理にしたそうです。後日、「代表取締役」という肩書きに書き直した委任状を再提出して受理されたそうです。
> 　会社法上、会社の代表権があるのは「代表取締役」であるということを示す一つのエピソードといえましょう。「取締役社長」という名刺である場合、代表権がある人物がほかにいるのかを確認しておくことが大事です。

> **寄り道** 「代表取締役社長」が二人
>
> 　2008年4月7日、中古車販売大手のガリバーインターナショナル（東証一部）は注目する人事を発表しました。それまでは創業者が代表取締役社長として一人の代表者でした。発表された人事は、代表取締役社長が代表取締役会長に、そして専務取締役であった息子二人を一緒に代表取締役社長にするというものでした。代表権をもつ者が数名いることは珍しくありませんが、代表取締役社長が二人いるという会社はきわめて珍しいと思います。

(2)　代表者の名前

　私は代表者の氏名を読むとき、次の2点に注意をしています。

　一つ目は、正しい漢字表記がされているかです。自分の姓名について、読み方はあっていても、漢字表記について本人は意外に気をつかうものです。たとえば、私は「よしだ」という姓ですが、漢字にすると「吉田」ではなく「吉田」が正しい表記です。同じように、「わたなべ」さんは、「渡邉」「渡邊」「渡辺」、「さいとう」さんは「齋藤」「斎藤」「斉藤」と、表記はいろいろとありますが、多くの場合は「渡辺」「斉藤」と省略して書いてしまいま

す。そこを気遣うことで信頼と親密さが増すことにつながるでしょう。そのほか、「沢」と「澤」、「崎」と「﨑」、「国」と「國」、「浜」と「濱」、あるいは「一」が入る、入らないでも同じ字があります。「徳」と「德」や「隆」と「隆」が代表例です。こういう細かいことに気づくことも大事だと思います。

　仕事上、取引先の代表者宛に招待状や案内状を出す場合、正しい漢字表記で氏名を書くことで礼を失しないように心がけることも、取引の基本です。あるいは、契約書や手形などに代表者の署名捺印を受ける場合、銀行は印鑑証明書や戸籍謄本に記されている漢字表記での署名をお願いするにもかかわらず、銀行が先方宛に出す書面における代表者名を正しい漢字表記で書かなかったり、略字で出したりすることははなはだ失礼に当たります。

　二つ目は、名字が珍しい場合は、興味をもって、その由来などをたずねることにしています。そのことで話題がはずみ、親しくなるきっかけにもなります。名字（苗字）に関しては、インターネットに「日本の苗字7000傑」というホームページがあります。このサイトには1万の名字が掲載され、その名字をもつ人の人口や、由来・代表家紋などが書かれています。ここで予備知識をもってから代表者に会ってたずねると、可愛がられるきっかけになるかもしれません。

⑶　経　　歴

　代表者の経歴は貸出判断の重要なポイントの一つです。「企業は人なり」といい、「人をみて貸せ」ともいわれます。それほどに代表者の経歴は重要であります。

　代表者（＝経営者）の人柄や経営能力もチェックポイントですが、これについては第3節で取り上げますので、ここでは経歴について述べます。代表者の経歴で確認するべきポイントは次の2点です。

　①　創業者か。継承者の場合は何代目か。

　　　創業者は、創業以来の事業経験年数を経ていること自体が経営者としての資質を備えているとみることができます。継承者の場合は、リ

ーダーシップや資質が不十分でも事業承継しているケースがあり、経営者としての資質を見極める必要があります。
② 前歴はどうか。
　　創業者の場合は、前歴と起業（転職）理由を把握しておくことが重要です。継承者の場合は、前任者との関係（親子、親族、他人）や前職および経験年数も把握しておくとよいでしょう。

　創業一族とは関係がない人物が代表者の場合、通常は、最終学歴以後の経歴が記されているでしょう。時に経歴不明ということで学歴も職歴もわからず、その会社に入社して以後のことしか書かれていない場合もあります。わからないことは聞けばよいのですが、個人的なことは聞きづらい、あるいは聞くことができても答えてくれない場合もあると思います。そういう場合は、社員や同業者から情報を得ることも可能ですが、それも慎重に、注意して行わなければいけません。そのように経歴面が不明だからといって、それを理由にして取引の判断に直接的影響を与えることは避けなければいけません。しかし、次のような情報はできる限り把握しておくことが必要です。

　　◇反社会的な組織や団体に属していたことはないか。
　　◇学生運動や政治活動に過度にのめり込んだことはないか。
　　◇転職を何回も繰り返していないか。
　　◇姓名を変えたことはないか。
　　◇過去に会社の倒産、破産の当事者であったことはないか。

　大事なポイントは、その会社の代表者になった経緯と理由であり、過去を特別に問題視するわけではありません。しかし、過去のしがらみが現在につながって、経営に影響を与えるケースもあります。現時点での経営手腕が問われることはもちろんですが、過去のことを引きずっていないかという観点でみる必要もあるでしょう。

　経営者の手腕というものは、経歴・経験から推し量ることができます。とはいっても、昨今は女性スポーツ選手が社長になったり、女性ニュースキャスターが会長に就任したりする時代でもあります。

寄り道　「売家と唐様で書く三代目」

「売家と唐様で書く三代目」という江戸時代の川柳があります。

「唐様」(からよう)とは、中国の元・明時代の書体をいいます。江戸時代にこの唐様の文字を書くことができた人は、お金があって教養を身につけた人だったそうです。

そしてこの川柳の意味は、初代創業者が築き上げた大店(おおだな：大規模な商家)を、その苦労を知らない三代目が放蕩(ほうとう：遊びふける)、もしくは経営のやり方を失敗して、全財産をなくしてしまい、残ったのは自宅だけとなったが、それも売りに出すことになった。自宅を売りに出す際に「売家」と書く文字を唐様の洒落た文字で書いていることを皮肉ったものです。

古今東西、初代創業者は辛苦をいとわず必死で働いて財を成します。二代目は、まだ初代や取巻きの番頭格がいて、叱咤激励されながらも何とか財を守ることができます。しかし、三代目になると苦労を知らない「おぼっちゃま」として何不自由なく育ち、好きな道(芸事等)を歩んだり、会社を引き継いでも、自分にとって都合がよい情報を寄せる人を重用することやわがままが出て、事業に失敗したりするということは、江戸時代からあったことなんですね。したがって、上記①のとおり、経営者も創業者から数えて何代目であるかということもポイントになるかもしれません。

寄り道　脛に傷をもつ

「脛に傷をもつ」という言葉があります。この意味は「昔、おかした悪事などを隠している」「自分の身にやましいことがある」ということです。経歴不明や話したがらない場合、「脛に傷がある」かもしれません。

ところで、ずいぶん昔に「向こう傷は問わない」と某銀行のトップが発言したことが話題になりました。「向こう傷」がどういう傷だか知っていますか。

「旗本退屈男」の主人公である早乙女主水之介(さおとめ・もんどのすけ)が啖呵を切ります。「ほほう、身どもがことをご存じないか。ならば教えて進ぜよう。大江戸八百八町に、いわずと知れた向こう傷。直参旗本早乙女主水之介、人呼んで旗本退屈男とは身どもがことよ。はっはっはっ」。ちょっと横道に外れてしまいました。

「向こう傷」とは、敵と戦って、体の前面に受けた傷のことです。旗本退屈男の向こう傷は額の刀傷です。反対に「後ろ傷」という言葉があります。「後ろ傷」とは、逃げるときに体の背面に受けた傷のことで、武士はこれを恥としました。

　脱線しましたが、代表者の経歴に「脛に傷」がある場合、取引へ与える影響の有無について慎重に確認しておくことが必要と思います。貸出業務を担当する者は、「向こう傷は問わない」といわれても、「倒産しそうな会社でも目標達成のためには、結果倒産してもよいから貸せるなら貸せ……」といわれたものと思い違いをしてはなりません。

3　資　本　金

(1)　中小企業の定義

　資本金の欄で確認することは金額です。資本金の金額が大きい、小さいということは数字をみればわかります。中小企業基本法は、中小企業の定義を資本金、従業員数によって図表1のように定めています。資本金基準と従業員基準とのどちらか一方を満たせば中小企業に該当します。

　図表1に掲げた中小企業の定義は、中小企業政策における基本的な政策対

図表1　中小企業の定義

	資　本　金	従業員数（注1）
製造業等（注2）	3億円以下	300人以下
卸　売　業	1億円以下	100人以下
小　売　業	5,000万円以下	50人以下
サービス業	5,000万円以下	100人以下

（注1）　従業員数には、事業主・役員・臨時の使用人は含みません。ただし、パート・アルバイト等、名目は臨時雇いであっても、事業経営上不可欠な要員は従業員に含みます。

（注2）　製造業等の「等」とは、卸売業・小売業・サービス業以外の業種を総括している言葉です。その具体例としては、建設業、不動産業、運輸業、倉庫業、印刷出版業、土石採取業、鉱業などです。

図表2　中小企業の定義の特例

	資本金	従業員数
ゴム製品製造業	3億円以下	900人以下
ソフトウエア業	3億円以下	300人以下
情報処理サービス業	3億円以下	300人以下
旅館業	5,000万円以下	200人以下

象の範囲を定めた原則です。したがって、他の法律や制度によって中小企業として扱われる範囲が異なることがあります。

　中小企業金融公庫法等の中小企業関連立法では、政令によって、中小企業の定義について図表2のとおり図表1基準とは異なる特例的定義があります。

　資本金、従業員数が中小企業の定義にかかわっていることは理解していただけたと思います。しかし、なぜ、中小企業の定義が大事なのでしょうか。それは中小企業の定義に該当することで、政府や地方自治体の中小企業政策の対象になるかにかかわってくるからです。また、信用保証協会の利用、中小企業信用保険法の適用も原則として中小企業が対象になります。中小企業を対象とする政策は、事業支援のための制度金融・税制優遇等があり、そのメリットは大きなものがあります。

寄り道　中小企業庁のホームページから

Q1「飲食店は？」
A1「小売業と同じ扱いです」
Q2「医療法人は？」
A2「法律で明示的に対象とすることを規定している場合を除き、中小企業ではありません」
Q3「NPOは？」
A3「中小企業政策においてNPOは支援対象になっていません」
Q4「大企業である親会社から出資を受けている場合は？」

第3章　取引先概要表の作成

> A4「中小企業基本法上は特に規定はありませんが、個別の中小企業立法または制度の運用基準により中小企業にならないことがあります」

(2) 資本金額の大小

　資本金の大きさから会社の規模を想像するとき、売上げが数十億円規模であるにもかかわらず、資本金が1,000万～3,000万円と意外に小さい場合があります。これは、第2章の〈事例4〉で話したとおり、資本金が1億円を超えると税務調査が税務署から国税庁の所轄に変わるので、それを嫌って小資本のまま据え置いているという会社もあります。資本金が1億円を超えると税金の取扱いにも次のような差があります。

　① 法人事業税の外形標準課税の対象になります。
　　　所得のほかに、付加価値とか資本金額に応じて課税され、赤字でも課税されます。
　② 交際費の全額が損金（経費）に算入されません。
　　　資本金が1億円未満の会社では年間400万円までは損金に算入できるという交際費の枠があります。
　③ 法人税率は一律30％になります。また、法人事業税や法人住民税の税率も軽減税率の適用は受けられません。
　　　年間所得800万円以下の部分について22％という法人税率の適用はありません。
　④ 中小企業1に認められている優遇税制（特別償却や税額控除）は受けられません。

　資本金については、1990年の法改正によって最低資本金が定められました。しかし、2006年5月1日より会社法が施行され、最低資本金制度は廃止されました。現在は1円の資本金で会社を興すことができるようになりました。しかし、さすがに1円で起業する人は少なく、50万円から500万円の資

1　ここでいう中小企業は、中小企業基本法の定義と異なり、資本金1億円以下の企業を対象としています。

本金で起業するケースが多いようです。

さて、取引先概要表に記載されている資本金の金額は正しいでしょうか。コンピュータから出力された数字は正しいと思い込む人が多いようですが、直近決算の貸借対照表で資本金額を確認してください。増資しているのに事務的な入力漏れがあると旧資本金額のまま出力されている場合があります。資本金に変化がある場合（多くの場合は増資）、株主構成や持株数、持株シェアに必ず変化があります。資本金の変化は株主の変動を伴います。もとより、増資を行うに至った背景と目的を確認することが大事です。それは経営に係る重要事項であるからです。資本金の変化と推移については、経営者の考え方とねらいおよび変化の事実を正確に把握することがきわめて重要なことです。

> **寄り道** 増資に係る社長の思惑
>
> YY商事は建材関連の卸売会社です。実父が創業者・初代社長でしたが亡くなり、息子のY社長が二代目社長になりました。そのY社長から自社の増資払込資金として個人借入れの申出がありました。増資目的をたずねたところ、社長自身の持株比率を現状の50%から51%超にするための増資であるとの説明でした。増資のねらいは、自らの経営権を確立するために過半数の持株シェア確保をねらったものでした。その背景は、亡くなった実父がもっていた株式（シェア50%）はすべて継母が相続したため、経営方針をめぐる言い争いが絶えない状況にあり、役員に継母方に味方する者が出ると経営が思うようにいかないという状況に原因がありました。そして、この増資は継母方にはいっさい内緒で、抜打ち的に進めているということを聞きました。結果的に、Y社長からの借入申出があった増資払込資金の貸出は取り止めました。銀行として同族会社内の経営権争いの一方に加担するようなことはできないと判断したからです。数年後、YY商事は倒産しました。その倒産を伝える記事には、同族間の経営権争いがその原因の一端であったようなコメントが記されていたのが印象的でした。

4　業　種

　貸出先がどのような事業・商売を行っているかを取引先概要表から読み取るには、業種欄から具体的なイメージをつかむことから始まります。この欄の業種が大分類で出力されてきたものですと、具体的イメージをつかむことは困難です。「製造業」「卸売業」「小売業」「サービス業」という出力ではわかりませんので、具体的なイメージが浮かぶような業種名を詳しく書いておくことが大事です。たとえば次のように書くとわかりやすいでしょう。

　　◇「製造業」にしても「水産缶詰瓶詰製造業」「味噌製造業」「清酒製造業」「魚網製造業」「学校服製造業」「木製家具製造業」「医薬品製剤製造業」

　　◇「建設業」にしても「木造建築業」「とび工事業」「左官工事業」「床工事業」「電気配線工事業」「建築金物工事業」「造園工事業」

　　◇「卸売業」にしても「繊維原料卸売業」「食肉卸売業」「酒類卸売業」「非鉄金属卸売業」「金物卸売業」「セメント卸売業」「鉄スクラップ卸売業」

　　◇「小売業」にしても「呉服服地小売業」「寝具小売業」「米穀類小売業」「自転車小売業」「書籍雑誌小売業」「骨董品小売業」

　　◇「サービス業」にしても「税理士事務所」「獣医業」「デザイン業」「理容業」「旅行業」「葬儀業」「結婚式場」「著述家業」「写真現像焼付業」

　業種を文字で詳しく書くことも大事ですが、やはり会社案内や企業紹介のパンフレット、または取扱商品のカタログがあれば、それをとじておくことで、会社の事業内容の理解が深まります。文字の説明よりビジュアルのほうの効果が高いことはいうまでもありません。

　社歴が長い会社の場合、過去に業種転換をしている場合があります。あるいは売上構成の変化により、旧来の業種コードでは現状における実態のイメージがつかみにくくなっていることもあります。そのような場合は、現時点

での事業概要に最も近い業種コードに変えなければいけません。業種欄を手書きで訂正するだけでなく、業種コードを正確に再入力することが大事です。

その理由は、コンピュータによって決算分析が行われるとき、経営指標となる諸数値の業界平均値との比較は、同じ業種コードの間で行われることから、その分析結果をそのまま評価することは判断のミスリードにつながりかねないからです。

5　創業年月・設立年月

創業と設立との違いから説明します。

創業とは個人で事業を開始した日をいい、設立は商法上の設立登記がなされ、法人組織としてスタートした日をいいます。会社の商業登記簿謄本には設立日は明記されていますが、創業日は書かれていません。

創業年月、あるいは設立年月からわかることは、事業が開始されてから何年が経っているか、会社が設立されて何年が経っているかという年数です。いわゆる「社歴」です。その年数は会社の信用力を印象づけるような思いに駆られることがあります。すなわち、社歴が長い会社は安心で、逆に短い会社の信用力はイマイチであるというような印象です。しかし、それは参考値ではありますが、絶対値ではありません。老舗といわれる企業は信用力が高いといわれますが、一方、社歴が長い老舗も時代についていけなくなり倒産する会社はあります。

「社歴」が長いわりに純資産が少ない会社は、なぜ少ないかについて一応調べておいたほうがよいでしょう。会社には資産は残さず、儲けはオーナー経営者個人の資産になっているケースがあります。それは担保として提供されているか、会社と個人資産とを分けて考えているかはしっかりと把握しておくべきです。ここで二つのデータをご紹介します。

一つ目は企業の寿命に関するデータです。「日経ビジネス」という雑誌は

1983年に「会社の寿命は30年」という記事を掲載しました。その記事を出してから21年が経過した2004年に、あらためてその説を検証したところ、「会社の寿命30年説」はいまも健在であると発表しました。その記事には、日経優良企業ランキング（NEEDS—CASMA）を使って検証した結果、「本当に生きがいいのは最初の10年」「元気な優良企業でいられるのは30年まで」という実証結果が得られたというのです。ただし、日経優良企業ランキングは全国上場企業（除く金融・新興市場）の財務データの分析に基づく調査で、中小企業にそれがあてはまるかは一概にいえないでしょう。

日経優良企業ランキングの常連メンバーの社歴を概観すると、京セラ・ローム・SMC・イトーヨーカ堂は40年以上、任天堂・ホンダは50年以上、NTT・花王・リコーは60年以上、キヤノン・トヨタ・富士フイルムは70年以上、武田薬品・スズキは80年以上、凸版・三共は90年以上、キリン・東芝・NECは100年以上、日本郵船・大日本印刷・東京ガスは110年以上が経っている企業です。

これらの企業が設立後30年以上を過ぎた現在でも輝いていられるのは、時

図表3　創業年数別経営指標

指　　標	創業期	中間期	老　舗
総資本経常利益率（％）	2.1	1.8	1.3
総資本当期純利益率（ROA）（％）	1.1	0.9	0.5
売上高総利益率（％）	41.6	41.2	33.1
売上高営業利益率（％）	1.3	1.2	1.2
売上高経常利益率（％）	1.2	1.0	1.0
総資本回転率（回）	1.6	1.6	1.3
流動比率（％）	141.4	137.0	131.9
自己資本比率（％）	15.9	11.5	17.5
営業CF対有利子負債比率（％）	0.5	3.3	3.5

（注1）　創業期は会社設立5年以下、中間期は5年超〜30年未満、老舗は30年以上という区分け。
（注2）　2007年1月〜12月決算期データに基づく。

代の流れと世の中の変化に遅れず、自己変革を続けてきた結果といえるかもしれません。

二つ目に紹介するデータは中小企業約80万社の決算データに基づく興味ある分析内容です。2007年11月20日発行された中小企業庁編『中小企業の財務指標』の報告のなかに、創業年数別にみた経営指標の比較データが掲載されています（同書7頁）。

約80万社の中小企業の財務データを業種別に分類し、総資本経常利益率、総資本当期純利益率（ROA）、売上高総利益率、売上高営業利益率、売上高経常利益率、総資本回転率、自己資本比率等の指標を計算しました。そして、四つの指標を創業年数別に「創業期」「中間期」「老舗」と分けると、図表3のような結果が出ました。

『中小企業の財務指標』では上表について次のような説明をしています。

> 総資本経常利益率は、創業年数が増加するにつれて低下している。ここで総資本経常利益率を売上高経常利益率と総資本回転率に要因分解してみると、売上高経常利益率については、創業期が1.2％となっており、中間期に1.0％へと低下し、老舗も1.0％で横ばいになっている。なお、売上高総利益率を見ると、創業期が41.6％、中間期が41.2％であるのに対し、老舗は33.1％と大幅に低下している。
>
> 一方、総資本回転率は、創業期と中間期が1.6回となっている一方、老舗が1.3回と低下している。これは、企業が創業期から成長し、成熟化していくにつれて、企業が有する資産の規模が拡大し、資産の効率性が低下していくものと推測される。（中略）
>
> 短期的な安全性である流動比率は創業期（141.4％）で最も高く、創業年数が経つにつれ減少している。自己資本比率は老舗（17.5％）が最も高くなっており、内部留保の蓄積が行われた結果であると判断できる。

6　従業員数

　従業員数は会社の規模を連想させる大事な数値です。従業員数が多い、少ないということから、その会社の企業規模がある程度把握できます。

　前記3で、中小企業基本法における中小企業の定義は資本金基準と従業員基準とのどちらか一方を満たせば中小企業であると述べましたように、従業員数は中小企業の認定に重要な数値です。

　従業員として数える対象に事業主や家族従業員、臨時の使用人、役員は含まれません。ただし、パート、アルバイト等の名目は臨時雇いであっても、事業経営上不可欠な人員は従業員として数えます。これは「解雇の予告を必要とする者は従業員である」という考え方によるものです。その根拠は、労働基準法20条の「予め解雇の予告を必要とする者」を従業員として考えるという法的背景に基づいています。

　また、従業員数は、非上場会社の株式を評価する場合（財産評価基本通達178）、会社規模の区分に際して判定要素としても使われます。取引相場がない非上場会社の株式は、評価会社の会社規模に応じて、大会社、中会社、小会社に区分されます。その判定要素の一つに「直前期末以前1年間の従業員数」があります。その従業員数が、100人以上またはほかに示す要素に該当する場合は大会社、100人未満でほかに示す要素に該当する場合は中会社、10人未満でほかに示す要素に該当する場合を小会社としています。この場合、出向中の者、人材派遣会社から派遣されている者を従業員としてカウントするかどうかについて、国税庁は「雇用関係や勤務実態を確認して判定する」といっています。会社が発展・成長すると従業員数は増えます。従業員数が増えると、会社はいろいろな義務が課せられるようになります。たとえば、法定16業種[2]を業とする個人事業の場合、従業員が5人になった時点で社会保険に加入する義務が生じます。従業員が10人以上になると就業規則を

2　第一次産業、接客娯楽業、法務業、宗教業以外の業種。

作成し労働基準監督署へ届ける義務が生じます。50人以上になると衛生管理者および産業医を選任する義務が生じます。さらに従業員数が増えるとさまざまな義務が課せられるようになり、それには罰則規定が設けられている場合もあります。

　取引先概要表を更新する際は、必ず期末日現在の従業員数をヒアリングしてください。従業員数の変化は会社の業績に連動します。売上げ・利益が好調のときは従業員数が増え、業績不振のときは新規採用を控え、業績が悪化してくると従業員のリストラも行われます。従業員数は人件費や賞与金額に影響し、利益を左右するものです。業績が悪化し、従業員の早期退職を促し、従業員数が減っているにもかかわらず賞与資金の借入申出額が前年と同額であるのは、資金使途をごまかして、ほかの資金に流用する可能性が大です。また、実際に働いていない家族・親族を従業員に見立てて給料を払っている会社もみかけます。従業員数の変化と推移には関心をもつことが大事です。人数はみえるもので、数はごまかせません。従業員数が大きく変わっているのに、賞与や給与の総額が変わっていない決算内容は不自然です。そのような場合は決算書の精査が必要になります。

寄り道　「従業員」と「社員」とは違う！

　「従業員」と「社員」とは違います。
　法律上の「社員」とは、株式会社では株主、合名会社・合資会社などでは無限責任社員・有限責任社員のことを指します。ところが、マスコミを含めて通俗的に民間企業の「従業員」のことを「社員」「会社員」という言葉が使われています。この場合の「社員」とは、法律では「労働者」「被雇用者」「商業使用人」と呼ばれる者で、上記の「社員」とは本来は区別されるものです。法律的に「従業員」の雇用形態を「正規雇用・正規従業員」といいますが、それをマスコミ等では一般的に「正社員」といい、「非正規雇用・契約従業員」「派遣従業員」のことを「準社員」「派遣社員」「契約社員」という言い方で使っています。取引先概要表の項目に「社員数」ではなく「従業員数」と書いている理由がわかりましたか。

7　株主構成・持株数

(1)　株主構成

　中小企業のほとんどは同族会社といっても過言ではありません。経営者・役員は主要な株主であり、家族や親族で占められている場合も多くあります。同族会社とは、法人税法によれば、株主等とその同族関係者（株主等と特殊な関係にある個人や法人[3]）を一つのグループとして、これら三つのグループが所有する株式や出資金額の合計額が、その会社の発行済株式数または出資金額の50％以上に相当する会社をいいます。この定義に照らし合わせると、非上場の中小企業のほとんど多くが同族会社といえます。

　法人税申告書別表2に「同族会社等の判定に関する明細書」があります。ここには、判定基準となる株主等の株式数等の明細とともに、同族会社の判定と特定同族会社の判定について、数字でわかりやすくみることができます。同族関係者の続柄や持株数も書かれています。ここで注意することは、同族会社は同族経営といえますが、同族経営の会社が同族会社とはいえません。同族会社は法人税法上の区分のことですが、同族経営とは、一般に血縁関係や親戚関係にある一族が中心になって企業経営を行っている状態をいいます。

　同族経営の特徴として、以下があげられます。

　　◇代表者、社長のポストは親から子に引き継がれる。
　　◇創業者の子を若い時から役員にする。
　　◇創業者一族が株式と経営権の大部分を占有している。
　　◇配偶者などの一族の人にも役職を与える。

　同族経営といわれている上場会社では、創業家一族が株式や出資金額の50％以上をもっているケースはほとんどありません。

---

[3]　特殊な関係にある個人……株主等の親族、株主等個人の使用人ほか
　　特殊な関係にある法人……株主等の一人が発行済株式総数または出資金額の50％以上を有する場合、ほか

株主構成は会社を経営するうえで重要なポイントになります。株式公開を行えば不特定多数の社外株主から出資金を得られますが、それに応じて議決権も外部へ移ります。会社経営に外部の意思が入ってくることに関して、経営者が敏感になるのは当然です。株式公開を考える中小企業の経営者は、一般投資家が株主となった場合のことを考えます。そこで安定株主ということを念頭に置いて株主構成を考えるとき、一般論として株主の安定度の高い順番は次のようになります。

　　◇オーナー（創業者・現経営者）
　　◇オーナー一族
　　◇オーナー家の資産管理会社
　　◇非同族の役員（創業以来の同志）
　　◇従業員持株会
　　◇取引銀行、生損保
　　◇仕入先
　　◇販売先
　　◇ベンチャーキャピタル
　　◇投資育成会社

　ベンチャーキャピタルや投資ファンドが株主に名を連ねている場合があります。これは、現在株式公開を目指している、あるいは過去に株式公開を目指していたことがあったということが推測されます。また、資金繰りが厳しいときの資金調達元であったのかもしれません。いずれにしてもベンチャーキャピタルや投資ファンドが株主に名を連ねているからといって、その企業の信用力に結びつけて考えてはいけません。実際の株主構成は正確に把握しておかなければなりません。中小企業で特に注意を要する点は、代表者と大株主とが異なる場合です。だれが真の実権者か、両者の力関係はどうか、なぜそうなったか等々の疑問は解決しておくべきです。そして、それぞれの株主はどのような経緯で、現在はどのような立場にあるかまで把握しておく必要があります。また、大株主に上場会社の親会社の名前があるから安心だと

思い込むのは早計です。親会社が出資金を切り捨てることは現実に起こっています。親会社にしてみれば、出資金を切り捨てる程度で問題が解決するならば、子会社や関連会社を切り捨てるくらいのことは行います。

(2) 持株数

株主構成欄には、だれがどれだけの株数をもっているかを記載します。

株式会社の所有者は株主です。その経営権は株主が保有している持株数の割合に応じます。株主総会で会社の基本的事項が決められますが、そこでは持株数を背景にした多数決で決定されます。それだけに、だれが何株もっているかが重要になります。オーナー経営者は経営安定化を図るため、持株数（＝持株シェア）に強くこだわります。理想的には、オーナー経営者が一人で100％の株式を保有していれば、すべての会社経営に係る意思決定が自在に行えることになります。しかし、それができない場合、経営権を安定化させるため、オーナー経営者は自らの持株比率を一定以上確保しなければなりません。その際、オーナー自らだけではなく、オーナーに協力する者たちの持株を加えて一定以上の確保でもかまいません。その目安となる持株比率は、株主と権利との関係を考慮すれば、3分の2、2分の1、3分の1になります。その意味は次のとおりです。

① 3分の2以上のシェアを確保している場合

株主総会における特別決議が可能になり、取締役を解任することもできます。営業譲渡、定款の変更、減資、合併、株式移転、株式交換、株式分割、解散決議もできます。

② 2分の1以上のシェアを確保している場合

株主総会における普通決議が可能になり、経営権を確立できます。取締役・監査役の選任・解任、取締役・監査役の報酬の決定、計算書類の承認ができます。

③ 3分の1以上のシェアを確保している場合

株主総会における特別決議を阻止することができます（拒否権）。

少なくとも3分の1を超える持株数をオーナー経営者が保有していれば、

株主総会の特別決議において、オーナー経営者（自分）の反対派が経営側に立つ取締役の解任動議を出したとしても、これを阻止することができます。

このように、資本政策を立案するうえで重要なポイントの一つが株主構成です。持株数を背景にした株主の権利は、持株比率が高いほど権利の範囲は広くなり、強くなります。

> **寄り道** 同族は一枚岩か？
>
> 全国的に名が知られている非上場会社の事例です。創業以来100年を超す老舗で、代表者は代々オーナー家の世襲で、現経営者は数代目になります。長い歴史のなかで相続の発生もたびたびあり、そのたびに株式は6親等の範囲に広く分散してしまいました。株主数は一族の者だけで数十名に及びました。現経営者の経営方針に反発する某氏は現経営者の親族であり、同社の役員でもあります。その某氏は株主である他の親族をまわり、自分の考え方を述べ、自分に対する支援の約束を取り付けました。支援してくれることになった株主の持株数を合計すると、現経営者の持株数を上回ることになりました。某氏はその事実を現経営者に示し、代表の座を降りるように勧告し、社内でお家騒動が発生しました。その後、どのように収束したかまでは知りません。この事例を紹介するまでもなく、持株数は経営権に係る大事な問題です。創業一族の間で経営権の争いが起こる場合、必ず持株数の確保に伴う対立が起こります。また、相続の際も、持株の移転によっては経営権を揺るがすことになりかねません。そのために代表者は、相続時にもめ事が発生しないように、生前から持株数をにらんだうえで事業承継問題を考えるのです。前記3で紹介した「寄り道：増資に係る社長の思惑」（63頁）もこの問題から発生したことです。

8　役員名

役員名の欄には、通常は会社の役員の序列に従って氏名が記載されています。一般的には、会長、社長、副社長、専務、常務、取締役、相談役、顧問、監査役の氏名が順番に列記されています。これらは、会社法の規定にはない内部的職制の通称です。なお、会社法に規定のある役員は、「取締役」

「代表取締役」「社外取締役」「執行役」「代表執行役」「監査役」「社外監査役」「会計参与」です。またこの欄に、役員ではなくても、銀行の窓口になっている経理部長・財務部長の名前を書いておくと便利でしょう。この欄で重要なポイントは次の4点です。

① 代表権をもっている役員はだれか。
② 本当の実権を握っているのはだれか。
③ 役員間の職務分担はどうなっているか。
④ 役員間に対立関係はないか。

　役員という言葉は、会社の業務執行や監督を行う上級幹部のことを指していいます。役員は、会社の実質的な所有者である株主とは必ずしも一致するものではありません。しかし、中小企業の多くが同族会社である場合、経営（役員）と資本（株主）との名前が同じであることが多いことも事実です。同族役員が列記されている場合は、代表者を中心に続柄や出身を書いておくとわかりやすいでしょう。また年齢も付記しておくとよりわかりやすくなります。たとえば以下のようになります。

　　　相談役会長　　　吉田一郎（父・81歳）……創業者
　　　相談役　　　　　吉田二郎（叔父・75歳）……共同創業者
　　　代表取締役社長　吉田太郎（本人・56歳）……二代目
　　　専務取締役　　　吉田五郎（従兄弟・吉田二郎長男55歳）
　　　常務取締役　　　吉田次郎（弟・54歳）
　　　取締役経理部長　山田一郎（主力銀行OB・52歳）
　　　取締役営業部長　吉田十郎（長男・30歳）
　　　監査役　　　　　吉田春子（妻・55歳）

9　本社・工場・営業所・その他不動産

　会社が保有・使用している不動産の要約を記入します。自社物件だけではなく、賃借物件でも、会社で使用している不動産は網羅的に書くことが必要

です。ここに書かれている不動産を概観することで、事業展開の範囲を把握することができます。事業所（工場・営業所）が全国に展開しているか、特定の地域に限られているかで、会社の規模がわかります。

ここでは、本社・工場・営業所・その他不動産別に区分けして、所在地（都道府県名と市町村名）だけを記入し、詳細は「資産調査表」あるいは「所有不動産明細表」という資料を別途作成します。

不動産の資産的価値は、保有形態（自社保有の物件か、賃借物件か）や、土地の広さや建物の大きさがわからないと数値として把握することはできません。これらは「勘定科目内訳明細書」の「7．固定資産の内訳書」「15．地代家賃等の内訳書」をみて確認してください。

自社物件の場合、時価評価額はどの程度か、また担保提供をしているかなどがポイントになりますが、それは別様として「資産調査表」あるいは「所有不動産明細表」等に詳細に記載しておかなければなりません。

10 関係会社

「関係会社」「関連会社」「子会社」という言葉の意味を区別することなく使っていませんか。それぞれの言葉をあいまいに使っている人が多いようですので、まず言葉の意味から確認しましょう。

「関連会社」は「財務諸表等の用語、様式及び作成方法に関する規制」（1963年11月27日：大蔵省令第59号）の8条5項で次のように定義されています。

> この規則において「関連会社」とは、会社が、出資、人事、資金、技術、取引等の関係を通じて、子会社以外の他の会社等の財務及び営業又は事業の方針の決定に対して重要な影響を与えることができる場合における当該子会社以外の他の会社をいう。

ここで、「子会社以外の他の会社等の財務及び営業又は事業の方針の決定に対して重要な影響を与えることができる場合」とは次のように定められて

います。
① 議決権の20％超を形式的に保有している場合
② 議決権の15％超20％以下を形式的に所有していて、さらに会社に重要な影響を与えることができると認められるような特別な関係がある場合
③ 議決権の20％超を実質的に保有していて、さらに会社に重要な影響を与えることができると認められるような特別な関係がある場合

次に「子会社」の定義をみます。同じく「財務諸表等の用語、様式及び作成方法に関する規制」の8条4項に子会社の定義が書かれています。条文が細かいので要約すると次のとおりです。
① 議決権の50％超を形式的に保有している場合（＝商法上の子会社）
② 議決権の40％超50％未満を形式的に所有していて、さらに会社を支配していると認められるような特別な関係がある場合
③ 議決権の50％超を実質的に保有していて、さらに会社を支配していると認められるような特別な関係がある場合

上記二つの定義を比べると、次の2点が違う以外、判定する考え方はほぼ同じといえるでしょう。
① 議決権の保有割合の数値は子会社のほうが大きい。
② 議決権の保有割合以外では、関連会社が「会社に重要な影響を与えることができると認められるような特別な関係がある場合」であるのに対し、子会社は「会社を支配していると認められるような特別な関係がある場合」とされています。

最後に「関係会社」についてみます。同じく「財務諸表等の用語、様式及び作成方法に関する規制」の8条8項には次のように規定されています。

　　この規則において「関係会社」とは、財務諸表提出会社の親会社、子会社及び関連会社並びに財務諸表提出会社が他の会社等の関連会社である場合における当該他の会社等をいう。

この条文で注目すべき点は、「関係会社」には親会社・子会社・関連会社の

ほかに「他の会社等の関連会社である場合における当該他の会社等」が含まれると書かれている点です。

それでは具体的にこの欄に書き出す「関係会社」とはどの範囲の会社を書けばよいかについて考えます。

取引先概要表の「関係会社」の欄に書くべき範囲は、少なくとも「親会社」と「子会社」がある場合はそれらを必ず書かなければなりません。次に「関連会社」も書いておくことが望ましいでしょう。ただし、「他の会社等の関連会社である場合における当該他の会社等」とされる会社は必ずしも書き出す必然性はありません。

なお、書き出す際、その会社への影響力が大きい順番を意識して、関係会社名の頭に「親会社」「子会社（国内・海外）」「関連会社」の別を示しておくとみやすく、わかりやすくなります。

大事なことは、取引先概要表に「関係会社」の欄が設けられ、そこに該当する会社名をなぜ書き出さなければいけないかということです。関係会社といえども、法律的には独立した法人です。商業登記簿に登記する際、「○○会社の関係会社」と表示されるわけではありません。しかし、関係会社は親会社の企業活動の一部門という見方ができます。そのような見方があることは、株式公開の審査時に、関係会社の整備という観点からもうかがい知ることができます。株式公開審査では、関係会社を利用した利得行為や利益操作の可能性を排除することを主眼にした考えが根底にあり、基本的には関係会社はないほうが望ましいという考え方に立っています。そして、関係会社に関する公開審査のポイントは以下の諸点です。

① 関係会社の存在に合理性があるか。
② 関係会社の業績や財務内容に問題はないか。
③ 関係会社との取引内容は適正か。
④ 関係会社を利用した役員等による利得行為が行われていないか。
⑤ 関係会社との間の出資関係に問題はないか。

これは、貸出を行う際にも必要な判断のポイントになります。子会社や関

連会社をもつことには、組織の効率化を目指し、組織の肥大化を回避するという正当な理由があります。一方、過去に露見した経済犯罪をみると、子会社や関連会社を利用した循環取引4や、在庫の押付け、利益操作、融通手形などが行われてきたことも事実です。

したがって、貸出判断を行う際は、当該企業だけではなく、実質同一体として管理すべき関係会社と一緒に信用調査を行い、財務分析も合算して行うことが大事です。

11 格　　付

格付欄には行内格付制度に基づく「債務者格付」のランクを書き入れます。

内部格付制度は貸出取引先の信用度に応じて債務者の分類を行うものですが、①債務者の信用度を評価する「債務者格付」と②個別貸出案件を評価する「案件格付」との2種類があります。

前者の「債務者格付」は貸出取引先の倒産（債務不履行）の可能性の程度に応じた区分です。その分類方法は銀行ごとによって若干の違いはありますが、標準的な区分例は図表4のとおり5です。

貸出担当者のなかに、格付作業や債務者区分をするための自己査定の作業について、忙しい営業の現場の者に膨大な作業をさせることは無駄ではないかと感じ、このことを快く思っていない人がいるかもしれません。

まず、内部格付制度の意義を正しく理解することが必要であると思います。バブル崩壊以後、銀行は貸出業務を通じてさらされる信用リスクの管理の重要性をあらためて知りました。従来個別の企業ごとに「貸す」「貸さな

4　架空取引の一種。実際に商品を動かさないで、伝票上だけの売買を繰り返し、転売の形をとる方法。これにより架空売上げの計上が行われる。
5　日本銀行金融機構局（2005年7月）「内部格付制度に基づく信用リスク管理の高度化」7頁より転載。

図表4　債務者格付の区分（例）

格付区分	定　義	債務者区分
1	財務内容が優れており、債務履行の確実性が最も高い。	正常先
2	財務内容が良好で、債務履行の確実性は高いが事業環境等が大きく変化した場合には、その確実性が低下する可能性がある。	正常先
3	財務内容は一応良好で、債務履行の確実性に当面問題はないが、事業環境等が大きく変化した場合、その確実性が低下する可能性がある。	正常先
4	財務内容は一応良好で、債務履行の確実性に当面問題はないが、事業環境等が大きく変化した場合、その確実性が低下する懸念がやや大きい。	正常先
5	債務履行の確実性は認められるが、事業環境等が変化した場合、履行能力が損なわれる要素が見受けられる。	正常先
6	債務履行の確実性が先行き十分とはいえず、事業環境が変化すれば、履行能力が損なわれる可能性がある。業況推移に注意を要する。	正常先
7	業況、財務内容に問題があり、債務の履行状況に支障を来たす懸念が大きい。	要注意先
8	業況、財務内容に重大な問題があり、債務の履行状況に問題が発生しているかそれに近い状態。	要注意先
9	経営難の状態にあり、経営改善計画等の進捗も芳しくなく、今後、経営破綻に陥る可能性が高い。	破綻懸念先
10	深刻な経営難の状態にあり、実質的な破綻状態に陥っている、または法的・形式的な破綻の事実が発生している。	実質破綻先／破綻先

い」という貸出（与信）判断を行ってきました。その取引先が倒産した場合も、不動産担保等の引当てで回収するという方法をとってきました。ところが、バブル崩壊後、倒産先の急増、担保価値の下落に遭い、信用コストが膨大にふくらみました。

　そこで内部格付制度をもとに信用リスクを統計的・数量的に把握・管理・

分析する手法が生まれたのです。

　個別債務者の信用力を統一的な尺度で把握することで個別の貸出判断が効率化されると同時に、格付別に取引先件数や残高を把握することで自行のポートフォリオ全体の質的評価と量的把握が可能になります。これは経営の健全性の確保に寄与するだけでなく、貸出金利の設定等の戦略面でも利用できる材料になりえます。

　格付が貸出方針のすべてを決定するものではありません。もちろん、格付ランクによって適用金利のメドが示され、積極攻勢や消極対応等の貸出方針も決められると思います。しかし、企業は生き物です。いつ、どのようなことで業績が一変するかわかりません。最近の食品の偽装や消費者を裏切る行為によって、企業業績は一気に暗転することがあります。

　したがって、格付は格付として利用するものですが、貸出案件の判断の際は、必要な企業調査や資金使途の検証という貸出担当者の基本となるべき業務をないがしろにしてはいけません。

12　主要仕入先・主要販売先

　主要仕入先・主要販売先は金額の大きい順番に上位10社程度を書きます。できれば、主要仕入先と主要販売先との社名の脇に前年度実績（仕入金額・販売金額）を書き、さらに総仕入金額、総販売金額に占める割合も書いておくことが望ましいでしょう。

　この欄を読む際のポイントは以下のとおりです。

① 新たに加わった大口仕入先、大口販売先はないか。逆に、大口仕入先、大口販売先からドロップした先はないか。
　　その理由は正確に把握しておくべきです。
② 総仕入金額、総販売金額に占める割合が大きく変化していないか。
　　やはり、その理由は正確に把握しておくべきです。
③ 大口仕入先、大口販売先の上位3社が、総仕入金額、総販売金額に

占めるシェアの合計が60％以上になっていないか。

　大口先へ過度な依存をしていると、大口先が倒産した場合や大口先となんらかのトラブルが生じた場合、仕入れ・販売に大きな影響が出てきます。

④　大口仕入先（シェア20％以上）の信用状態はどうか。

　大口仕入先が倒産すると原材料や商品の供給に滞りが出てきます。特にメーカーの場合、仕入先の倒産によって原材料や資材の供給が停止し、生産に大きな影響を及ぼします。

⑤　大口販売先（シェア20％以上）の信用状態はどうか。

　大口販売先が倒産すると売上げが大きく減少し、資金繰りに影響を及ぼします。場合によって連鎖倒産するおそれがあります。大口販売先が倒産しないまでも、業績悪化が顕著になった場合、受取手形や売掛金の回収サイトが延ばされることで資金繰りに影響が出てきます。

このように、主要仕入先・主要販売先のなかでもそれぞれシェアが大きい取引先について、いろいろな意味で注視が必要です。ポイントは、経営におけるリスク分散と個別先に対する信用情報（与信）管理に対する意識です。

寄り道　新規取引工作のきっかけにする

　銀行は主力貸出取引先と親密な関係を保持しています。そこで、主力貸出取引先の仕入先名簿を利用して、そこに掲載されている法人に対する自行の新規取引や取引深耕を画策することができます。

　それは、仕入先名簿に記載されている法人名について、自行取引の有無、あるいは親密度を調べ、必要に応じて当該主力貸出取引先から紹介状をもらうという方法です。

　具体的には、まず主力貸出先Ａ社から同社の仕入先リストをみせてもらいます。勘定科目内訳明細表からも主な仕入先はわかります。

　そこで仕入金額が大きい同社の仕入先について、自行での取引状況を調べます。その結果、Ｘ社は○支店のテリトリーにある会社だが自行取引はまだない、Ｙ社は△支店で貸出取引はあるが下位付合い程度で深耕を図っていることがわかりました。

その場合、A社と貸出取引を行っている支店の業績に直接的なかかわりはありませんが、自行全体の業績に資するべく、貸出取引店として主力貸出先A社から、X社宛の自行取引の紹介状をもらい、それを○支店へ送ることで、○支店はX社に対する新規工作を行ううえで役立ちます。また、Y社宛に、A社に自行取引の深耕の勧めを紹介状に書いてもらい、それを△支店に送れば、△支店は深耕のきっかけとしてそれを使うことができます。

　このように、A社の取引先概要表から自行の他店取引につながる動き方もできます。A社の取引支店の業績数値に資することはありませんが、その紹介状が功を奏して自行全体の業績伸展につながることになるならば、紹介状をもらって当該店へ送った支店に対して業績考課上の配点をすることで、それが全店的施策にもなりうると考えます。

寄り道　連鎖倒産の実態

　バブル崩壊時の倒産は「放漫経営」によるものが多かったようですが、最近の倒産は「不況型」とともに「連鎖型」が多いようです。自社の経営はしっかり行っていても、大口販売先が急に倒産したことで売上げの回収ができなくなり、資金繰りが悪化し、倒産に至ることがあります。これを「連鎖倒産」といいます。

　特に大型倒産が起こると、関連会社はもとよりその影響は倒産した会社に納入（＝販売）していた取引先へ影響を及ぼします。帝国データバンクの資料から、主な大型倒産による連鎖倒産の実態をみると次のようになります（連鎖倒産数の多い順番）。

（単位：件・億円）

倒産会社名	倒産年月	連鎖倒産数	連鎖負債額	内関連会社数／同負債額	内一般取引先数／同負債額
そごう	2007/7	72	23,830	55/23,400	17/430
マイカル	2001/9	35	23,395	19/23,018	16/377
多田建設	1997/7	24	719	2/272	22/447
ヤオハンジャパン	1997/9	22	1,122	21/1,121	1/1
東海興業	1997/7	20	1,195	3/727	17/468

> **寄り道** 連鎖倒産防止制度
>
> 　連鎖倒産は、経営者の直接の責任に帰することができない要因であるとして、中小企業基本法は緊急避難的な措置を講ずることを明記し、その具体策として特別の融資制度を用意しています。
>
> 　連鎖倒産防止資金として、国民生活金融公庫の「経営安定貸付・倒産対策資金」、中小企業金融公庫の「緊急経営安定対応貸付・中小企業倒産対策資金」があります。
>
> 　国民生活金融公庫の「経営安定貸付・倒産対策資金」の対象は、倒産企業に対して売掛金債権等が50万円以上または取引先依存度が20％以上ある中小企業者で、普通貸付とは別枠で3,000万円を限度とした期間5年以内の融資制度です。
>
> 　中小企業金融公庫の「緊急経営安定対応貸付・中小企業倒産対策資金」は、国民生活金融公庫と同じく、売掛金債権等が50万円以上または取引先依存度が20％以上ある中小企業者で、一般貸付とは別枠で1億5,000万円を限度とし、期間5年以内の融資制度です。
>
> 　また上記貸付制度とは別に、「中小企業倒産防止共済制度」があります。これは取引先企業が倒産[6]した場合、売掛金や受取手形の回収が困難になった金額と積み立てた掛金総額の10倍に相当する金額とのいずれか少ない額（ただし貸付限度額は3,200万円）の貸付を受けることができるという共済制度です。月々の掛金は5,000円から8万円の範囲内で、掛金総額320万円まで積み立てることができます。

13　取引銀行

　取引銀行欄には、貸出取引がある金融機関名が列記されます。自行名のほかに、貸出シェアが大きい順番に貸出取引があるすべての金融機関名を書いておくべきです。その際、その金融機関名の脇に主力、準主力、3位という貸出金額の順位や、期末時点におけるおよその貸出シェアを書いておくとよ

---

[6]　倒産には、夜逃げや内整理は含みません。

いでしょう。

そこで、この金融機関名をみて何を読み取るかですが、以下の三つの点に注目するとよいでしょう。

① 主力銀行名と主力銀行の貸出シェア
② 都市銀行、地方銀行、信用金庫等の構成
③ 金融機関の数

この３点から、当該取引先と金融機関との取引の態様がわかります。中小企業にとって金融機関の取引は非常に重要です。特に、中小企業にとって主力銀行（メインバンク）がどこかということは大きな意味をもっています。

中小企業の多くは非公開企業で、一般的に決算書（財務諸表）の信ぴょう性も高いとは言い切れません。中小企業の資金繰りは銀行借入れによって回っています。中小企業の資金調達という側面から考えると、資本市場へのアクセス手段はないので、金融機関からの借入れに依存せざるをえません。

資金調達のアベイラビリティ確保が困難になると、中小企業は資金繰りに支障をきたします。中小企業の資金繰りの命運を握っているのは主力銀行を中心にした金融機関であるといっても過言ではありません。

特に主力銀行は、長期的、継続的な取引関係を構築してきた経緯から、取引先企業に係る情報の蓄積は多いと考えられます。その主力銀行の取引方針は他の取引銀行も注視しているだけに、中小企業と主力銀行との取引関係は非常に重要です。

中小企業では、主力銀行を変えるという行動は長年連れ添ってきた糟糠の妻と離縁するがごときもので、そこには相応の理由が存在しなければなりません。また、主力銀行を設けずに複数行を都合よく使っている中小企業もあります。どちらも、経営危機に遭遇したときには、親身になって世話をしてくれる妻の立場の銀行がいないという局面にさらされ、主力銀行不在が原因となる倒産につながることになりかねません。

一般的に、企業の格7に見合った金融機関取引が行われているかどうかは、先に掲げた３点から推察できます。

主力銀行との信頼関係は維持されているか、貸出シェアに大きな変化はないか、借入総額に見合った金融機関の数か、貸出を行っている金融機関の数が減ったり増えたりしていないか、そうした状況がある場合にその理由は何か、地域性や取引内容によって都市銀行・地方銀行・信用金庫等の使い方やバランスは適切かなどを読み取ることが必要です。

14　直近3〜5期の決算概要

　取引先概要表には直近3〜5期の決算概要を載せているケースもあります。決算書（貸借対照表・損益分析表）をとじ、決算分析を行うのは当然のことですが、概要表にそのエッセンスとして、売上高・営業利益（売上高営業利益率）・経常利益（売上高経常利益率）・純資産額（自己資本比率）等の数字を掲載し、業績推移がわかるようにします。

　ここで読むべきことは、直近数期における業績の概要です。売上げと利益とが前年比でみた場合にどうであったかを把握してください。「増収増益」「減収減益」あるいは「増収減益」等々というポイントを押さえてください。詳細は、別途に決算分析を行って、業績と財務内容とをしっかりと把握しなければなりません。それは貸出担当者としての最も重要な仕事です。

　このとき「増収増益」ならば業績は好調、逆に「減収減益」であると業績は不芳と安易に考える人が多いのではないでしょうか。ここで指摘しておきたいことは、必ずしもそうとは言い切れないということです。「増収増益」でも、利益率が低くなっている傾向はないか、借入金額が増えていないか。「減収減益」の場合も借入金の増減によって業績の評価は異なってきます。直近3〜5期の決算概要から読み取ることは、売上高と利益との金額の推移を大まかに把握する程度でよいでしょう。

7　ここでいう「格」は「債務者格付」とは関係ありません。売上高や資本金の規模、あるいは業歴や資本金やその地域における立場（発言力等）からくる「地位」「風格」の意味です。

第 3 節

取引経緯の把握

1　会社沿革

　沿革は会社の歴史です。創業、設立、その後の会社の発展が時系列的に書かれています。社名の変更や本社の移転、あるいは工場や営業所の新設、海外への進出、子会社の設立、代表者の変更、増資等々が記されています。

　沿革を読む際に注意すべきポイントは、商号変更と本社移転が何度もある場合です。

　商号は旧態依然としていた和風商号をカタカナに変えるようなものならば問題ありませんが、意味がわからないカタカナ商号を何度も変更している場合は、よく理由を調べておいたほうがよいでしょう。商号変更に登記費用がかかることはもちろんですが、会社案内、封筒、伝票等の作成費用もかかります。そして銀行や取引先への通知やその事務に相当な費用と時間とがかかります。そこまでして商号変更を何回も繰り返さなければいけない理由は何かを把握しておくことは必要です。

　過去に会社を計画倒産させた履歴を隠す目的があったり、事業自体の社会的責任論や脱税等々で社会問題になったことがある過去を隠す目的があるような場合、商号を変えることがあります。あるいは、商号そのものが問題になったために商号変更を行わざるをえない場合もあります。

　会社発展の歴史は、従業員の増加や売上げ・利益の拡大を伴うものです。資本金も増えていきます。経営の実績が数値的に伸びていることと事業所・

工場・海外拠点の拡大時期とがパラレルに動いているかも着目すべきポイントです。

　もう一つ着目すべきポイントとして、いわゆるバブル期、つまり1980年代後半から1990年代初頭にかけての時期に無理な投資による拡大路線を行わなかったかという検証です。企業規模や財務能力からして無謀な買収や合併、海外子会社展開、あるいは華美な本社ビルの建設や分不相応な福利厚生施設の購入・建設等をしていないかもみるべきポイントです。

2　取引開始日

　取引開始日欄には、まさに自行との取引を開始した年月日を書きます。つまり預金取引開始日、貸出取引開始日です。具体的には、預金口座開設日や銀行取引約定書が差し入れられた日を書きます。

　貸出取引開始日から、貸出取引が行われてきた期間がわかります。たとえば昭和25年から貸出取引が始まっているとすると、戦後間もなくの時代から半世紀以上の取引が続いていることがわかります。貸出取引が継続的に行われ、それが数十年間にもわたっている場合は、親密な取引関係であることはもちろん、銀行と取引先との間には信頼と信用が培われ、盤石な関係であることが容易に想定されます。このような長年にわたる取引の場合は、単に数字的な関係のみならず銀行と取引先との間には人的にも深い関係ができあがっているケースが多々あると思われます。

　当初貸出取引開始日が古くても、途中、中抜き的に取引がない時期がある場合は、取引が復活した年月日と取引が中断していた期間とその理由を付記しておくとよいでしょう。取引先の意思で取引が中断する場合と銀行側から取引を中断するという二つのケースがあります。金利や担保等の交渉事がうまくいかず問題をこじらせた結果が理由の場合、取引先と銀行の人的関係（社長と支店長との不和）が原因である場合もあるでしょう。いずれにしても、そのような経緯は後述する「主な取引経緯」に書き留めておくことが大

事です。

　新規取引先の場合は貸出取引開始日からの取引期間が短いのは当然ですが、だからといって、その短期間が取引先の信用に直接関係するものではありません。

　もともと社歴が長い会社で、主力他行との取引歴は古く、やっと自行が新規取引に加えてもらえた場合や会社設立自体が新しい会社の場合もあります。

　取引開始日から読み取ることは第一に取引期間ですが、社歴との関係で取引開始日をみて、現在の取引関係の位置づけを読み取ることも重要です。

3　取引開始の経緯

　貸出取引を開始したきっかけを書き留めておくことは大事です。そして同時に、取引開始時のメモを基本メモとしてとじておくことが必要です。貸出取引を開始したきっかけを大別すると次の3ケースに分けられます。

　　① 　銀行から取引開始を促した場合……新規取引工作の結果
　　② 　取引先から取引開始の申出があった場合……借入申出への対応
　　③ 　その他……制度融資、斡旋紹介等

　いずれの場合も取引開始時の記録（基本メモ）は重要ですので、ファイリングしておくことが肝要です。取引開始の経緯は「主な取引経緯」の原点になるものです。現担当者も、その時のきっかけとなった事情と当事者であった人（先方と当方）の名前とを知ることで、その話題から取引の親密化・深耕につながることもあります。

4　取引方針

　取引方針は格付とリンクしなければいけません。そもそも内部格付制度は、信用リスク管理、さらに貸出運営の合理的・効率的戦略策定の基礎にな

るとのことから、その導入が図られたものです。したがって、格付全体の結果に基づき、リスク管理や金利設定に関する方針策定がなされ、それが支店の現場に指示として、あるいは原則・目安として提示されてきます。

たとえば格付別に信用限度（＝裸与信金額）を設定したり、格付別に適用金利水準を決めたり、あるいは格付別に支店長の貸出判断の専決権限限度額を設定したりすることになります。

したがって、債務者格付の区分が「要注意先」や「破綻懸念先」である貸出先への取引方針が「無担保で積極的シェアアップ方針」であっては困ります。

一方、格付が同じであっても、取引方針も同じでなければいけない理由はありません。同じ格付であっても、取引方針に違いがあるのは不自然ではありません。同じ格付「6」であっても、前回格付が「4」であったのがランクダウンした先と前回格付が「7」であったのがランクアップした先とでは、その意味合いには差があります。また、格付「6」で同じであっても、取引歴や取引地位（主力先か付合先か）によっても取引方針に差が生じます。

取引方針を書く際は、その方針の有効期限を考えて、具体的な指示・内容を書くことが肝要です。「積極方針」「消極方針」というような簡単な言葉を用いることで、指示する者と指示される者との間に認識に離齬が生じては困ります。

方針の指示は明確に具体的でなければいけません。「裸与信は1億円まで許容」「現状貸出シェア20％→40％目標とする」あるいは「新規与信は保証協会付を原則とする」「商手割引は上場銘柄に限定」「約弁金額見直し（増額）交渉のこと」「取引解消方針。期日に返済させ、継続は不可」等々、取引方針の指示は具体的でなければなりません。

取引方針を具体的に書くことの意味は、方針に基づいて取引を実際に進めることにあります。行動が伴わなければ取引方針を書く意味がありません。その行動は当然ながら取引方針に沿うもので、取引方針の実現に向けて、支店長と担当者とは同じ方向感をもって仕事をしなければなりません。

しかし、実際の行動が取引方針と異なっていたり、交渉等が思いどおりに進まず取引方針に書かれたように進まなかったりする場合があります。その根本的原因は、取引方針を出す（＝書く）側と、取引方針を受ける（＝行動する）側との間に、少なからず認識の違いが存在するためです。取引方針を出す（＝書く）側である、融資部、審査部あるいは支店長は、取引現場の実態を知らずに、格付の結果だけ、あるいはファイル審査だけに基づき、机上で考えた取引方針を書いていないか反省しなければいけません。一方、取引方針を受ける（＝行動する）側である支店担当者は、取引方針が示される前に現実をふまえた担当者所見をメモなり口頭で申し述べているかを反省すべきでしょう。

　取引方針を明示する際は、事前に意見の交換・すり合わせが行われてしかるべきです。仮に意見の相違や実現性の認識に温度差があった場合、取引方針を決める側はそれをどの程度斟酌するか、一方、行動する側は決められた取引方針には従いその実現に努力するという、双方の調和・歩み寄りが組織たる動き方の基本です。

5　経営上の課題

　会社経営には必ず問題点があります。人・モノ・金の三要素がすべて完璧である会社はありません。会社経営はそれらの問題点を解決しながら成長し発展していくのです。

　銀行は貸出対象として取引先をみる場合、貸出実行前には企業調査・貸出審査を行い、貸出実行後は貸出金の債権管理を怠らないように努めます。その際、リスク管理という観点から取引先の経営に関する問題点を解決すべき課題として把握しておくことは、債権管理上も必要です。

　ただし、取引先自身が会社経営上の課題として認識していることと、銀行が債権管理上のリスク要因として把握すべき取引先の経営上の課題とは必ずしも一致しません。それは、銀行は債権管理という切り口から問題にする課

題を優先して取り上げれば足りますが、取引先の経営者は、経営上の問題点として、対銀行だけではなく会社経営全般に関するものを常に認識しているからです。経営上の課題も具体的に書いたほうがわかりやすくなります。以下にいくつか例を示します。

　◇後継者がいない。相続対策が進んでいない。
　◇社長が実質的な営業トップにもかかわらず、健康を害している（たとえば3年前に胃がんの手術をしている）ため売上げが落ちている。
　◇バブル期に借入金で購入した土地価格が購入時に比べ半額に下落。売却方針だがメドはたっていない。
　◇保養所、ゴルフ会員権を売却すると、特別損失額は約1億円になる見込み。
　◇中国製輸入製品の価格攻勢に抗しきれず、販売シェアが低下。営業利益もやっと黒字確保の状態。経費削減が命題。
　◇ベテラン経理部長が急に退任。社長との対立か？　内紛か？　→銀行へ人材派遣要請あり。
　◇売上げの50％シェアを占める○○社の業績が悪い。売上減少は必至。回収サイトの変更あれば増加運転資金需要が発生する可能性あり。
　◇昨年許容した季節資金で仕入れた商品が売れずに在庫になっている。季節資金は返済されず、約弁付在庫資金として形を変えて支援中。

これらの経営上の課題は、債権管理上注視しなければいけません。経営上の課題は、解決策をどのようにするかでその結果が貸借対照表や損益計算書に現れてきます。それが財務上、格付面で不利にならないように取り計られるか、これも貸出担当者の守備範囲内で、取引先に役立つ動き方をするとよいでしょう。

6　取引上の留意点

「取引上の留意点」という項目は、法律や契約書に照らし合わせて注意す

べきポイントのように思われますが、ここでは、貸出取引を円滑に行うために、取引先に対して銀行として留意すべき点を書き出します。

一つの取引先に対して、銀行は支店長以下担当者まで、数年ごとに担当者が入れ替わります。人がかわっても組織として取引を円滑に継続していくために、必要な引継事項という認識でよいと思います。

ここに書き留めるべきことを大別すると二つの側面があります。一つはビジネスに係ること、もう一つは人に係ることです。それぞれについて具体的な例を書き出します。

① ビジネスに係ること
　◇主力A行に対する信頼は絶対に厚い。A行ファン。
　◇過去に不動産担保の評価額で認識に大きな差がありトラブルに発展。追加担保差入交渉の件がいまだにシコリとして残っている。
　◇社長は金利に敏感。借入れ時は必ず他行とコンペを行う。
　◇3年後を目標に株式公開を考えている。社員持株会構想あり。
　◇株式公開に関して当行系列（親密）の☆証券を紹介した。
　◇人材派遣要請があり、人事部と交渉するも、格付7では人材派遣に応じられない由。「適任者見当たらない」と回答。
　◇店舗展開するため、用地（最低3,000坪以上）関連情報には敏感。
　◇当行が紹介し購入した〇市の土地1,000坪の時価が3割減。含み損あり。
　◇販路拡大のため当行＊＊支店主力先□□社を販売先として紹介。
　◇B行が資金需要のつど低金利攻勢でシェア拡大を図ろうとしている。
　◇C行が、最近1年間、新規取引開始をねらって訪問継続中。
② 人に係ること
　◇社長と当行元専務▽▽とは大学時代の友人。
　◇社長は当店取引先＊＊社の社長と幼なじみ（小中学校の同級生）。
　→このように人のつながりは大事なポイントです。

◇社長は熱狂的阪神ファン。他球団の話題は遠慮したほうがよい。
→同様に、宗教・政党等に入れ込んでいる場合、逆に強く嫌っている場合は必ず留意点に記しておくべき。
◇社長はあいさつや時間にうるさい。礼儀と時間は厳守。約束の時刻に遅れる場合は必ず電話を入れること。
◇社長は技術畑なので、決算内容についての質問は経理部長宛にする。
◇常務は社長の娘婿で後継者と目されているが、社長は常務のことを信頼していない様子。
→同族経営の場合、親族間の人間関係（親子・兄弟）には、ポストや相続につながる微妙な問題があるので相手と発言内容には注意が必要。
◇社長は日本酒が好き。社長の前でタバコは厳禁！
→同様に、嗜好・趣味について書いておく。
◇社長の息子は☆☆商事へ勤めている。数年後に後継者として戻って来るといわれている。

7　人の評価

　「企業は人なり」とか、「（貸出業務は）人をみて貸せ」といいます。「人」を評価する際は、「従業員」や「スタッフ」の質・レベルも重要なポイントですが、中小企業の場合は圧倒的に「経営者」の要素によって経営が左右されることは自明です。中小企業で「経営者」は最も重要な経営資源としてとらえるべきです。

　ここで「経営者」と呼ぶのは、代表権がある会長または社長を指します。中小企業にとって、その「経営者」が担う役割は以下のとおり経営全般にわたることから、「経営者」の資質や能力について実態を把握しておくことは貸出取引においてきわめて重要なポイントになります。

「経営者」が担う役割は次のとおりです。
- ◇事業目的と経営理念の策定
- ◇経営方針の確立と周知徹底
- ◇組織をつくり、組織を動かす
- ◇目標を策定し、計数的に明示する
- ◇リーダーシップを発揮し、指揮命令系統の統括責任
- ◇人材育成と働きやすい職場づくり
- ◇モラールアップを図り、人を動かす
- ◇その他……営業・財務経理・労務等多項目にわたる

これだけ重要な役割を担う「経営者」について、銀行員の目でみて評価することの是非論があるでしょう。年齢の若い担当者がそれを評価できるかという疑義がないわけではありません。実際、「経営者」を評価する銀行側の担当者は「経営者」に比べて年齢や経験に差があり、あるいは立場・土俵が違います。ここでは、評価の正当性や妥当性ということが問われるのではなく、銀行内の管理資料としての位置づけとして考えることでよいのではないでしょうか。そこに仮に担当者の主観が入って書かれたとしても、取引を積み重ねる過程のなかで、銀行側も多くの人の目を通すことで、評価を修正していくことがあってしかるべきです。

「経営者」の評価として次のような項目が考えられます。
① 経歴
② 経営能力・資質
③ 経営姿勢
④ 人格・信頼度
⑤ 後継者

以下にそれぞれの評価項目についてみるべきポイントを述べます。

(1) 経　　歴

経歴欄は事実を書きます。評価ではありません。
- ◇最終学歴で学んだ内容（学科）が会社経営に役立っているか。

◇その会社に入社前に、どのような経歴・経験を積んできたか。それは
　　　会社経営において役立っているか。
　　◇その会社に入社した理由と入社後の経験と経歴。後継者として入社し
　　　たか、一般社員として入社し頭角を現して実力で経営者になったか。
(2)　**経営能力・資質**
経営者に求められる資質として次のような項目があげられます。
　　◇リーダーシップ……社員を束ねて引っ張っていく指導力があるか。
　　◇決断力……経済社会の変化、業界・商品・技術動向の先々を読み取
　　　り、進むべき道を先取りし決断する能力があるか。
　　◇行動力……自らが率先垂範して動くか、有言実行するか。
　　◇管理能力……経理・労務等への関心と理解力があるか。
　　◇その他……健康、教養、論理性、合理的発想、堅実性等

(3)　**経営姿勢**
次のような類型から評価します。
　　◇積極経営か、堅実経営か。
　　◇ワンマン経営か、組織重視経営か。
　　◇創業者（タイプ）か二代目（タイプ）か。
　　◇技術畑出身か、営業畑出身か。
　　◇同族経営か、サラリーマン経営か。

(4)　**人格・信頼度**
人物像や性格について評価します。
　　◇常識的で良識あり、正直で裏表がない人。
　　◇神経が細かく、猜疑心が強い。
　　◇執念深い。過去のことを引合いに出す。
　　◇明るく陽気な性格で楽天的だが、教養は低い。低次元の話題が多い。
　　◇陰気でとっつきづらい印象だが、懐に入って話すと人格者という印
　　　象。
　　◇文学（あるいは歴史、音楽、芸術等）に造詣が深く、人間的魅力あり。

◇話が長く、世話好きな性格。頼まれれば嫌といえないタイプ。

(5) 後 継 者

　経営者にとって最大の仕事は後継者をつくることといわれます。まさにそのとおりです。経営者は自らの年齢を考えて、早い時から後継者を決め、後継者としてしかるべき教育を計画的に行わなければなりません。後継者問題は「人がいる」というだけで安心できるものではありません。後継者は、経営者としてふさわしい能力と人格とを備えているかが問われます。そのためには、後継者としての意識や覚悟をさせることはもとより、経営管理に必要な知識の習得や重要部署の経験等をさせることによる後継者の育成教育が重要になってきます。中小企業では、後継者がいないことが原因で事業譲渡や廃業に至るケースもあります。事業経営で一番大事なこと、一番むずかしいことが「事業承継」であり、後継者問題は非常に重要な問題であることを認識しなければなりません。そこで、後継者たるべき人物がいるか、後継者としてふさわしいか、そのための教育が計画的に行われているかについて確認をとっておくことが大事です。

寄り道　創業者と二代目、どっちが大変？

　創業者の息子が二代目になるケースは中小企業の事業承継にはよくあることです。その承継がうまくいけばよいのですが、なかなかむずかしいようです。

　創業者と二代目とではどちらが大変なのでしょうか。創業者は、何もないところから作り上げていく苦労のほうが大変というでしょう。二代目は、創業者と対比されるプレッシャーとともに、自分の思いどおりにならないところからの出発点であることのほうがむずかしいというでしょう。

　現実問題として、二代目が社長に就任しても、会長（創業者・父親）の経営に対する意見に反論できなかったり、古参幹部役員に対し若い二代目は発言に遠慮したり、知識や人脈の差を感じたりと、悩み事が多いようです。

　中国の古典に、帝王学の原点といわれる「貞観政要」（じょうがんせいよう）という書があります。この書物に「創業がむずかしいか、守成がむずかしいか」という有名な問答があります。太宋が重臣たちにこれを問うと、房

玄齢という宰相は「創業のほうが困難」といいました。すると魏徴という側近が反論して「守成こそ困難である」といいました。

それを聞いた太宋は、「両者の意見とももっともである」といい、「創業の困難はもはや過去のものとなった。今後は皆のものとともに、心して守成の困難を乗り越えていきたい」といったそうです。中小企業の事業承継を考えるに際して、含蓄ある言葉ですね。

8　モノの評価

企業の事業経営はモノの生産、あるいはモノの販売が基本です。ここでいうモノとは、目にみえるモノだけではなく、情報・技術・価値というモノをも含むとして考えるほうがよいでしょう。

企業が成長し発展するということは、その企業が取り扱うモノが市場や顧客に評価され、それが経営施策によって売上げや利益に結びつくことが原点にあります。企業の成長・発展はモノの評価の良否に左右されるといっても過言ではありません。

時代の変化とともに技術の変化があり、世の中にあるあらゆる製品・商品の機能や価格も大きく変化しています。その変化のスピードは目覚ましいくらいに速いものです。企業が取り扱う製品・商品の機能や価格が時代の要請や消費者の満足度に合わない場合、その製品・商品は市場から撤退を余儀なくされます。取り扱う製品・商品が売上げに結びつかなくなると、企業経営は困難となり、ひいては廃業・倒産という局面に至ります。その意味からも、取引先が扱っている製品・商品について評価することは、債権管理上も大事なことです。

モノを評価する場合、次のような項目が考えられます。

　① 商品力
　② 販売力
　③ 業界動向

以下にそれぞれの評価項目についてみるべきポイントを述べます。

(1) 商品力

経営は商品によって決まるといっても過言ではありません。言い換えると商品は企業が勝ち残る根源的な経営要素ともいえます。商品は収益の源泉です。商品には経営者の想いが込められています。それが市場で適正に評価されるためには、生産・流通・販売・消費等の各段階で価値が認められるということです。その商品の価値、魅力、ポイントを的確に表してください。それは、技術力や開発力、あるいはブランド力や価格競争力等を指します。

(2) 販売力

どんなに商品力があっても、売上げに結びつかないと経営は成り立ちません。市場を開拓する、市場に浸透させる、市場シェアを拡大することができるかが勝負です。そのためにどのような販売戦略をとっているか。販売ルートは自販か流通か、顧客の心をつかむ広告宣伝政策、同業他社とのシェア比較も大事なポイントです。

(3) 業界動向

マクロの経済動向とは別に、当該商品の業界動向を知ることは重要です。商品のライフサイクルを考えると、どんな商品も、誕生―成長―発展―成熟―衰退―消滅というプロセスをたどります。ライフサイクルは、新しい技術や新素材という要因に左右され、グローバルな価格競争等にさらされ、また生産設備の質的向上、需給動向、顧客のニーズ・嗜好・価値観の変化等の影響を受け、さらに販売方法や流通手段の変化等によってライフステージが変わります。それらいろいろな要因をふまえて当該業界がどのように動いているか、競合他社はどのような動きをしているかについて常に関心をもち、現在取り扱っている商品はいま、どのライフステージにあるかを知っておかなければなりません。

寄り道 同級生の家業

商品のライフサイクルについて書いているとき、筆者の同級生の家業を思い出しました。

中学時代の同級生の家は「牛乳瓶の洗浄」をする会社（小さな工場）でした。私が子供の頃（昭和30年代）、牛乳は早朝牛乳配達の人が牛乳箱といわれる箱に届けていました。飲み終わった牛乳瓶を牛乳箱に入れておくと、翌朝配達の人が新しい牛乳瓶を持って来た時に回収していました。そうやって集めた牛乳瓶を洗浄しメーカーに返していたのでしょう。

　高校の後輩の家は、レコードプレーヤーのアームをつくっている会社でした。レコードがCDに変わると、レコードプレーヤーで使われていたアームや針の需要はなくなりました。

　大学時代の友人の家は、蚊帳を売る商店でした。いまの時代、寝室に蚊帳をつって寝る人はいるでしょうか。

　「牛乳瓶の洗浄」「レコードプレーヤーのアーム」「蚊帳」……。どれもいまの時代にはほとんどみかけません。そういう事業をやっていた友人たちの実家がどうなったか、私は知りません。企業が生き残り、存続していくためには、取り扱っている商品のライフサイクルを見極める経営判断が重要であることがわかります。

9　主な取引経緯

　「主な取引経緯」の欄は銀行という組織で引き継いでいくべき過去の出来事を記録したものです。この記録を読むと、貸出取引における交渉やトラブルの事実関係のみならず、取引先・経営者に係る慶弔・冠婚葬祭などの付合い等々、主な取引経緯が時系列的にわかります。

　担当者は、必要事項は必ずこの欄に簡潔に記録し、重要事項に関するメモは別にファイリングしておくとよいでしょう。

　以下に、某社（Z社）との主な取引経緯の記録を事例として示します。

　　◇平成○年○月○日……A社主催YY会ゴルフコンペに吉田支店長が参加。参加費2万円、支店長が準優勝。

　　◇平成○年○月○日……社長のご母堂がご逝去。頭取名で弔電。お通夜に吉田支店長と藤田とが参列、香典3万円持参。

　　◇平成○年○月○日……A行がスプレッド0.2で攻勢かけ、当行金利が

高いというクレームあり。なんとか説得するも火種残す。
◇平成○年○月○日……社長個人から株式投資目的の借入申出 1 億円を断りトラブルに発展。設備借入れに約定外返済 1 億円あり。
◇平成○年○月○日……T駅前に新店舗開店。内覧会に山下支店長と秋山とが出席。清酒 2 本とお祝い金 1 万円持参。
◇平成○年○月○日……社長長男が取締役就任。お祝いにYシャツ仕立券 1 万円を贈呈。
◇平成○年○月○日……三田副頭取と山下支店長とで、社長夫妻と社長長男とを接待。場所は□□荘、費用 6 万円。
◇平成○年○月○日……保証協会付私募債5,000万円実行。

寄り道 「蟻の一穴」って知っていますか？

「千丈の堤も蟻の一穴から崩れる」という言葉を知っていますか。俗に、「蟻の一穴」ともいいます。

これは、中国の古典「韓非子」に載っている有名な言葉です。『広辞苑』では「堅固な堤防も蟻の開けた小さな一穴がもとで崩れるように、ごく僅かなミスから取り返しのつかない大事に至るたとえ」と説明されています。

取引先概要表から一つの変化に気づきながらも、その意味を深く考えず、変化の背景や影響についての調査を怠ったことが、後々に大きな債権保全上の問題に発展することがあります。蟻が開けたような小さな変化が実は氷山の一角であり、近い将来に経営の根幹を揺るがす事態になることがあるのです。

経営者の交代、資本金や株主構成の変化、仕入先・販売先の変化、売上げ・利益の減収・減益、利益率の変化等々、どれもが蟻の一穴かもしれないという意識をもって納得するまで企業調査を行うことが、貸出業務における判断・管理の両面で必要なことです。

第 4 章

実体面の把握

序節

能動的な把握

　第2章、第3章で取引先概要表についてその意義と項目とを述べました。そこで書いたことは、取引先概要表の資料としての位置づけと各項目に関連する知識についてでした。

　貸出担当者は、各項目に記載されている内容を不変的な所与のものとして受動的態度で読むだけではいけません。担当者として自らが、取引先概要表に記載されている各項目について能動的姿勢をもって、より深く知る、付加価値をつける、そして記載内容の変化等の有無をフォロー・チェックすることが求められています。

　そのためには、取引先との面談や訪問する機会を生かして「実体面の把握」を行う必要があります。

　本章では、その実体面の把握方法について述べます。

第 1 節

事例紹介

1　事例7

　A支店の貸出取引先Z社の社長と経理部長が決算説明のため来店しました。

　応対したのは支店長と新任担当者の小沢君でした。

> **支店長**　小沢君、Z社の決算説明が終わって、社長たちはお帰りになったが、いくつか注意しておきたい。
>
> **小　沢**　はい、何か……。
>
> **支店長**　Z社が来ることが事前にわかっていたのだから、もう少し同社のことを勉強しておかないといけないぞ。少なくとも取引先概要表に記載されている項目についてひととおり頭に入れておいて面談に臨むように。そうすれば無駄な質問や余計な質問は出ない。何よりも、取引方針を理解したうえで、質問のストーリーをあらかじめ組み立てておいたほうがよい。
>
> **小　沢**　そのようにやったつもりですが。
>
> **支店長**　まだ慣れていないからかもしれないが……。小沢君、Z社の債務者格付と取引方針はどうなっていたかな。
>
> **小　沢**　格付は7です。取引方針は、シェアは現状維持で、裸単名（＝担保なし手貸）の増額は不可となっています。

支店長　ならば、先方に借入期待感を抱かせるような発言は慎重にしないといけないよ。増収増益という話から、増加運転資金や賞与資金を当行がお手伝いさせてほしいというようなことをいわなかったか。

小　沢　あれは、増加運転資金の発生と、賞与は前期に比べて多く出すのかということを聞いただけであって、当行が出すとまではいっていないつもりです。

支店長　こちらがそのつもりでも、先方がどのように受け止めるかがポイントになるから注意して話したほうがよいな。

小　沢　わかりました。

支店長　それから、先方が話したことはメモをとるように……。

小　沢　いただいた決算書に注書きしながら聞きましたが……。

支店長　決算書の数字の説明のときだけでなく、昨年1年間の業界動向やZ社の経営について社長がいろいろなことを話していただろう。決算書に表れる数字は経営活動の結果であって、どういう環境のなかでどのような経営を行ったかということが大事なのだから、社長の話は記録したほうがいい。ノートをもって面談に臨むことが大事だ。

小　沢　はい、わかりました。

支店長　お客様は、自分が話したことを銀行がしっかりと聞いてくれているかを非常に気にしている。担当者がメモをとりながら聞いている姿はお客様に安心感を与えるものだ。

小　沢　はい、わかりました。しかし、あの社長はよく話しますね。

支店長　もともと話好きかもしれないが、基本的にはお客様にしゃべらせることが大事だよ。相手がしゃべりやすいような雰囲気に気配りをしてこちらは聞き上手に徹し、「傾聴」の姿勢で臨むほうがよい。

小　沢　でも質問すべき点は聞かなきゃいけませんよね。

支店長　もちろんそうだ。当方が聞きたい点について社長もそれがポイントだとあらかじめ察してくれて、社長のほうから説明があればよいが、触れられたくない点は、質問がないことをよしとして、わざと説明を省く人もいる。だから、聞き上手でいながらも、必要なことはしっかりと、具体的に質問しなければいけない。

小　沢　支店長の質問に社長はどぎまぎしていましたね。

支店長　借入金が増えているが、主力のA銀行の残高は若干だけど減っていて、新規にJ信金との取引が始まっていることが気になったのだ。また、Z社の債務者格付はいままで7だったが、この決算で8に落ちる心配はないかということもあっていろいろと聞いたんだ。本当に、実力ベースで増収増益になったか。疑ってるわけじゃないが、確認をしたかったので、ね。

小　沢　でも、ちゃんと増収増益になっていたじゃないですか。

支店長　確かに決算書上は、な。小沢君ね、中小企業の決算書の説明を聞くときは、社長の説明をうのみにせず、健全な懐疑心をもって、しっかりと聞くことが大事だよ。人間はどうしても悪い面は隠したがるし、よい面は誇張したり自慢したりしたがるものだ。最初から、粉飾を疑うというわけではなく、決算内容を説明する言葉に正当化するような下駄を履いている部分はないか。こういう姿勢で聞いたほうがよいと思う。売上げの数値は伸びているが、これが本当かどうかが問題だ。粉飾はないか、Z社の財務分析はしっかり頼むぞ。勘定科目内訳明細書で過去3期分の売上債権の中身をチェックすることと、そして清算バランスシートを作成し、貸借対照表の実態をみてください。

小　沢　はい、わかりました。

第4章　実体面の把握

2　事例 8

　2週間前、K支店の貸出取引先W社の主力工場[1]を、支店長と担当者の福田君は日帰りで工場見学に行きました。

支店長　福田君、W社の経常単名継続の稟議書が回ってきたが……。

福　田　はい、今月末に期限が到来しますので……。

支店長　期限までは余裕があるからそれはいいんだが、この前、工場見学をした時のレポートはまだ書いていないのか。

福　田　すみません。まだです。

支店長　経常単名継続の稟議書には直接関係はしないが、あれは2週間も前のことだぞ。仕事を握ったり、ためたりしてはダメだ。昼食時の懇談の時を含めて、いろいろな話を聞いたなかに貴重な情報もあったと思うが、取引先概要表の「主な取引経緯」にも工場見学のことが書かれていないし、社長の経歴にも新たに知った情報が書き加えられていないぞ。

福　田　すみません、すぐにやります。

支店長　福田君、実体面で新たにわかったことや知ったことは、時間を経ずに記録しておかないと、記憶が薄れたり、情報の新鮮味がなくなったりするものだから、早くやってください。遅くなってからレポートを書くと、往々にして「こういっていたはず」とか「確かこうだったはず」と、記憶があいまいになる。メモをとっていてもそうなることがある。

福　田　新たに得た情報は取引先概要表にすぐに書き入れます。工場見学のレポートが遅くなっているのは、どのように書いたらよいか悩んでいるからです。機械や生産工程の説明を聞いても、正直い

---

[1] 支店所在地から車で2時間かかる場所。現地で昼食をともにした。

> ってわからなかったのですが、どのように書いたらよいですか。
>
> **支店長** 私も工場見学に行ったからといって、技術や機械などの説明で生産工程や工場の評価ができるものではない。ただし、君たちより少しは経験を積んでいるので、銀行員の目でみるべき工場見学のポイントについては別途に勉強会を開いて教えよう。
>
> **福田** ありがとうございます。

3　事例から学ぶこと

〈事例7〉、〈事例8〉とも、実体面での把握方法に関係する会話です。

〈事例7〉では、決算説明に来店したＺ社との面談において、話し方や聞き方、メモをとることが大事であるという基本的なことについて担当者が注意を受けています。そして、取引先概要表や取引方針を事前に頭に入れて面談に臨み、質問する項目もあらかじめ組み立てておく重要性について指摘を受けています。また、支店長の発言から、決算書の数字は、先方の説明をうのみにはしないで、しっかり分析する必要性も加えられています。

〈事例8〉でも、新たに知りえた情報は、遅滞なく、記憶が鮮明なうちに記録化することの重要性が指摘されています。そして、工場見学に行ったがレポートのまとめ方がわからないということから、支店長自らが勉強会を行うということになりました。その内容（工場見学のポイント）は、本章第4節で詳しく述べることにします。

第 2 節

面談時の留意事項

　貸出担当者は、1日のうち、取引先への訪問や面談と電話の応対にかなり多くの時間を費やします。ここでは、面談を通して取引先の実体面を把握するために留意すべき事項を述べます。

1　基本的心構え

　取引先は担当者に会うことに時間を割いています。先方から会うことを求められた場合も担当者から会うことを求めた場合も、先方は時間を割いてくれているということを自覚してください。時間はコストです。無駄な時間を費やしてはもったいないと感じてください。したがって、面談時間は有意義に、かつ効率的に使い、気持ちよく応対・面談を行う必要があります。

　そのための基本的心構えとして以下の6点に注意を払ってください。

　　① 気持ちよい応対を心がけてください。ぶっきらぼうなあいさつなど、面倒くさいという印象を与えてはいけません。

　　② 聞く姿勢が7割、話すのは3割程度を心がけましょう。一方的に担当者が話すことは感心しません。

　　③ 取引先が話すポイントは何かを把握してください。真のニーズや訴えたいことを正確に把握し、話の本質をつかむことが大事です。

　　④ 必ずメモをとりましょう。メモをとることは、取引先に「自分の話をよく聞いてくれている」という印象を与えるとともに、後で話を振

り返り、レポートを書く際に役立ちます。
⑤　話の内容にわからないことがあった場合は、その場で質問して、不明な点を後に残さないように努めてください。そして、最後に今日の話の要点を必ず復唱し、内容を再確認することが大事です。
⑥　取引先を迎えるとき、取引先に伺ったとき、また面談後に別れるときはさわやかな笑顔であいさつをしっかり行うことが大事です。

次のようなことは、取引先から信用を失いかねませんので、絶対に避けなければいけません。
①　同じことや自明のこと、わかりきっていることを何度も繰り返し聞く。
②　メモをとらず、質問もしない。聞き置くだけという姿勢をとる。
③　取引先から依頼されていたことを忘れる。
④　取引先から受けていた質問の回答を督促される。
⑤　面談の内容や、新たに得られた情報等の報告を怠る。
⑥　礼節を失するような言葉づかいや取引先を見下した態度。

2　面談の仕方

実際の面談に際しての留意事項を以下に述べます。

(1)　あらかじめ問題意識をもつ

面談は取引先から情報を入手するチャンスとしてとらえなければいけません。不意に来店されたときは、雑談と要件だけの話で終わることが多いでしょう。もちろん、時には取引先と無駄話をすることも、人を知り親しくなるために必要です。ただ、仲良くなったからといって、雑談や世間話ばかりでは時間の無駄になります。仕事の効率や能率を考えて、面談の工夫を行うことが大事です。

取引先への訪問や来店のアポイントがある場合、面談の前に、取引先に関する基礎情報を頭に入れることは最低限行っていなければいけません。

まず、取引先概要表に記載されたことはすべて読みます。次に、決算内容の概略を頭に入れるようにします。そして、そのうえで面談時に聞くべき質問事項を組み立てておくことが大事です。

　面談時は、取引先からの話を聞くだけではいけません。先方の説明内容について理解できない点があったら、疑問のまま残してはいけません。後から聞き直すということは好ましくありません。その場で内容を確認するための質問をすべきです。そして、できるだけ具体的な内容の説明を引き出すようにするとわかりやすいでしょう。

　たとえば売上げについて、増収か減収かという数値的問題だけではなく、増収あるいは減収になる理由は何かということから、主力製品の売上げはどうか、新商品の市場での反応はどうか、競合他社との製品の差は何か、価格戦略は妥当か、新たな販売戦略はどうか等々を聞くことが大事になってきます。

　また、他行動向も、他行貸出残高の数字を聞くだけでなく、なぜそういう状況になったかという数字に表れる背景について具体的な話を聞き出すように努めると、情報に付加価値が付きます。

　〈事例7〉の場合、主力のA銀行の貸出残高が減った理由は何か、J信金との取引を開始した理由は何かまで、具体的背景について聞かないと、情報としての意味がありません。その理由を聞いたときにまた新たな質問が出てくるはずです。

　また、同業他社の情報や業界動向に関心をもってあらかじめ勉強しておくと、取引先の説明に対する質問も的を射たものになり、臨機応変な対応ができるようになります。そのような面談姿勢は取引先から信頼と信用とを獲得することにつながるでしょう。

(2)　**話の本質を意識して聞く**

　取引先が来店する場合は、目的があって担当者に会いに来るわけです。その目的やねらいは何かを把握することが面談のポイントです。

　借入れの申出内容が実績ある資金使途で問題がない場合とそうでない場合

とがあります。新たに発生した資金使途の説明も、事実を包み隠さずに話したうえでの支援要請か、それともそうでない状況のなかでの支援要請か。また決算説明も、自慢げに話すのか、悪い点の説明を避ける説明なのか等々。

　まずは取引先の説明に十分に耳を傾ける姿勢が重要です。最も大事なことは「話のポイントをつかむ」ことですが、それは先方の説明を長々と聞くだけではつかみきれるものではありません。担当者は、先方の説明に耳を傾け、メモをとりながらも、絶えず用件のポイント（＝本質は何か）を頭のなかで考えながら聞いていなければいけません。そして、必要な時に必要な質問を行うことで、本質の中身をより具体的に聞き出し、それを確認することが重要です。

　次に大事なこととして、話の本質を把握したうえで、その背景や理由についてまで突っ込んだ話をすべきです。それには的を射た質問ができるかがポイントになってきます。

　突っ込んだ質問によって経緯や理由とともに話の本質がわかったとき、最後に取引先との話を締めくくるに際し、なんらかの回答をするほうが好ましいと考えます。取引先からの依頼・申出の場合、質問の場合等が考えられますが、聞き放しで回答をしない、あるいは方向感も示さないでは、取引先の期待に応えないで話を終えることになってしまいます。もちろん専決権限の問題があり、担当者の段階で即断即決できるものは少ないはずですが、担当者の意見としてだけでもなんらかの回答や方向感を話すことで取引先から信用を得ることにつながります。

　そのためには、日頃から担当者としていろいろなことを勉強するという姿勢が求められます。即答できるものはその場で答え、調べたうえで回答すべきことは極力早く調べて回答します。そして当然ですが、担当者の段階で回答や方向性を示すことができない問題は、時をおかずに上司と相談してから早急に回答する旨を伝えることが大事です。案件を担当者のところで握ったまま、上司に報告しないで放置し、取引先への回答がなおざりにされるケースは最悪です。取引先からの信用を失うとともに、組織内においても信頼さ

れなくなります。

　取引先に対して、また上司に対して、クイック・レスポンスの姿勢を忘れてはいけません。

> 寄り道　トヨタ生産方式
>
> 　モノづくりをする会社（メーカー）ではトヨタの生産方式を学び、それを実践するところが多いようです。トヨタ生産方式は徹底した無駄の排除を根本にした生産方式です。そのトヨタ生産方式の一つに「なぜ」を5回繰り返すという方法があります。その例を以下に示します（大野耐一『トヨタ生産方式』33～34頁（ダイヤモンド社）から引用）。
>
> 　　　例えば、機械が動かなくなったと仮定しよう。
> 　(1)「何故、機械は止まったか」
> 　　「オーバーロードがかかって、ヒューズが切れたからだ」
> 　(2)「何故、オーバーロードがかかったのか」
> 　　「軸受部の潤滑が十分でないからだ」
> 　(3)「何故、十分に潤滑しないのか」
> 　　「潤滑ポンプが十分汲み上げていないからだ」
> 　(4)「何故、十分汲み上げないのか」
> 　　「ポンプの軸が摩耗してガタガタになっているからだ」
> 　(5)「何故、摩耗したのか」
> 　　「ストレーナー（濾過器）がついていないので、切粉が入ったからだ」
>
> 　　以上、5回の「何故」を繰り返すことによって、ストレーナーを取り付けるという対策を発見できたのである。
> 　　「何故」の追求の仕方が足りないと、ヒューズの取り換えやポンプの軸の取り換えの段階に終わってします。そうすると数か月後の同じトラブルが再発することになる。（中略）
> 　　5回の「何故」を自問自答することによって、ものごとの因果関係とか、その裏にひそむ本当の原因を突き止めることができる。
>
> 　筆者は、5回の「なぜ」を繰り返す方法を貸出担当者も身につけたほうがよいと思っています。
> 　たとえば、前述した事例について考えましょう。

① なぜ、売上げが落ちたか。
　　主力製品の売上げが予想に反して伸びなかったからだ。
② なぜ、主力製品の売上げが伸びなかったのか。
　　他社から類似製品が出たからだ。
③ なぜ、他社の類似製品に負けたのか。
　　性能面では互角だが、価格面で負けたからだ。
④ なぜ、価格で負けたのか、価格差はいくらなのか。
　　当社製品価格1万円に対し、他社は6,000円で売り出してきた。
⑤ なぜ、他社は6,000円でできるのか。
　　生産を中国に切り替えたからだ。

　このように、財務面でも実体面でも疑問に思ったことは5回の「なぜ」を繰り返すことで、数字や事実の背景について真の要因を突き止めることができます。
　上記(2)の「話の本質を意識して聞く」で、「的を射た質問ができるかがポイントになる」と述べました。まさに、このトヨタ生産方式の5回の質問から学ぶことは大きいと思います。

(3) 報告・連絡・相談

　取引先との面談が行われたときは、原則として面談の記録を作成して上司へ報告することが望ましいといえます。もちろん面談内容によって省略してよいものもありますが、決算関係説明、借入申出内容、その他相談依頼事項、取引先概要表に記載されている項目についての追加・変更・修正等の情報はメモにして上司へ報告すべきです。

　情報の内容によって、急いで相談し決裁を仰ぐ案件や取り急ぎ知らせるだけでよいことは、報告の形式にとらわれず、まずは口頭での報告でよいでしょう。次いで、業務日誌に簡単に記録しておきます。大事な内容や記録保存しておくべき重要な内容や新たな情報は、別紙あるいはメールに書き上司へ回覧し、その後、クレジットファイルにとじることも必要になってきます。

　報告・連絡・相談は、ビジネスの基本として取り上げられることです。そのポイントは「素早く簡潔に」です。そのためには、報告すべき案件、連絡すべき案件、相談すべき案件のポイントを把握して、報告を受ける人、連絡

を受ける人、相談を受ける人の身になって、そのポイントを順序立てて簡潔に説明し、担当者本人の意見を添えて説明することが大事です。往々にして取引先が話した内容の全部や自分が考えた意見の思考過程の全部を話さないと気がすまない人がいるかもしれませんが、要約して簡潔に話すことが必要です。場合によって、結論や自分の意見を先に述べてから、取引先の説明を要約して付けるという工夫があってもかまいません。

　絶対にしてはならないのは、報告・連絡・相談を怠り、担当者が案件を一人で握り続けることです。むしろむずかしい案件、嫌な案件、悪い情報などは普通以上に早く報告・連絡・相談をしなければなりません。

　情報は伝えなければ死んでしまい、価値がなくなります。組織として知っておくべき情報を殺してはいけません。そのことで取引先へ迷惑をかけることになってはいけません。借入申出を期日ぎりぎりまで握っていると、銀行としての収益機会をみすみす逸することになります。あるいは取引先の資金決済に支障を生じさせるようなことになったら一大事です。

　報告・連絡・相談の意義を次のように要約することで、よりよく理解してもらえるでしょう。

　　① 自分が抱えている仕事の締めくくりを行う。
　　　　進行状況や問題点や結果について報告する。
　　② 仕事の流れをスムーズにするために行う。
　　　　組織に対する情報集約の場に出す（連絡）。
　　③ 自分の仕事力を向上させる場として認識する。
　　　　作業の方向性を確認（相談）し、効率的作業を行うための相談を行う。
　　④ チームワークで仕事をする。
　　　　支店内全体の動きとの関係のなかで、自己中心的な考え方の方向性を自ら正していく。

> **寄り道** ほうれんそうの話
>
> 　ビジネス書に「報告・連絡・相談」の重要性について「ほうれんそう」の話として書かれていることがあります。この「ほうれんそう」の話は、1983年に当時旧山種証券（現SMBCフレンド証券）の会長であった山崎種二氏が亡くなったときにブームになったものです。それは以下のような話です。戦後間もない頃、山種証券の会長がほうれんそうを買い集めて、社員の机の上に一把ずつ置いて朝礼を行いました。会長の話は、「ポパイの力はほうれんそうから」「経営の力は、報告・連絡・相談から」という趣旨の話をしたことから発しているようです。
>
> 　食糧が乏しい当時、ほうれんそうは貴重品でした。ちょうどその頃アメリカ文化が入ってきて、ほうれんそうを食べると怪力を発揮し、何をしても不死身であるポパイという船乗りがテレビ番組[2]で知れ渡っていたため、いっそう「報告・連絡・相談」をほうれんそうに結びつけた話が有名になり、効果的になったようです。

---

[2] ポパイのテレビアニメ番組は1959～1965年に東京放送系列で放映され、1963年1月に最高視聴率33.7%を記録した。

第 3 節

経営者を識る

　中小企業の経営・業績は、経営者の性格・意思と密接な関係にあるといっても過言ではありません。「企業は人なり」という言葉の「人」とは、中小企業経営にとっては「経営者」といえます。それだけ経営者の意思が会社の経営行動に結びつき、それが売上げや利益につながっているといえます。貸出業務でも「人をみて貸せ」といわれます。ここでの「人」も「経営者」と置き換えてよいと思います。それほどに、中小企業との取引で経営者を識るということは企業を識ることにつながります。

　本節でいうところの「経営者」は「代表取締役」を指します。中小企業の経営者にはいろいろなタイプの人がいます。貸出担当者は貸出業務を通じて中小企業の経営者と付き合いますが、実はいろいろな経営者を識るということは大変幸せなことであり、銀行員というキャリアを積むなかでそれは大きな財産になるといえます。

　ここでは「知る」ではなく「識る」という言葉を用いています。「知る」は「感覚でとらえる・知人・知己」、「識る」は「見分けて知る・認める・認識」と説明されています（『角川漢和中辞典』に記載されている「字義」より）。「識る」という字をあてているのは、経営者の資質を識別するという意図からです。

1　経営者の実像を識る

　貸出担当者として、実体面で経営者を識るには具体的にどのようなことをチェックしたらよいでしょうか。
　次の六つの項目で経営者を識り、それぞれの能力等の実態を把握することは貸出判断を行う際に役立ちます。
　① 　個人属性……経歴、品性、性格、健康、趣味、交友
　② 　考え方と能力……論理性、洞察力、先見性、説得力
　③ 　責任感とリーダー性……指導力、行動力、リーダーシップ
　④ 　過去の経営実績……成功事例と失敗事例
　⑤ 　役員とスタッフ……役員との一体感、役割分担
　⑥ 　後継者……有無、能力、計画的育成
　それぞれの項目について、チェックポイントと見所を述べます。

(1) 個人属性

　属性として経歴、品性、性格、健康、趣味、交友をあげました。簡単にいえば、経歴は履歴書を読み、品性、性格、健康、趣味はそれぞれ一言二言書けば属性の把握は終わったように思えるかもしれません。たとえば、品性は下劣、性格は悪い、健康は丈夫、趣味は競馬と書けば、それで経営者を知ることになるでしょうか。
　個人の属性の実態を把握するということの意味を考えなくてはいけません。目的は貸出取引先の実体面の調査であり、そのことを貸出判断の可否を決めることの判断材料にしたいということです。そのためには、経歴、品性、性格、健康、趣味、交友という項目を一言二言のコメントですませるのではなく、もう少し深く考えることが必要です。
　個人の属性の実態を把握することは、考え方と能力（上記②）、行動力とリーダー性（上記③）との関連を理解するため、経営者の人格を知る材料になると考えます。
　経歴とは、まさに経営者の出身地、主として育った地域、学歴、職歴、当

社入社後の経歴等のことです。その人の経歴というものは、履歴書のような事実の経緯を知るためだけのものではありません。その経歴の各場面でどのような経験をしたか、どのような人と知り合い、どのようなことを学び考え、それがいまの考え方にどのように影響しているかということが重要になります。

　人間は、成長する過程で家庭環境や他人との出会い、社会での経験等が、自分の性格や考え方に少なからず影響を与えていることは承知しています。それを知ることは、経営者という個人の人格を理解するうえで役に立ちます。ここで誤解してほしくないことは、経歴は評価するものではないということです。一流大学を出た経営者がすばらしく、中卒・高卒の学歴の経営者は能力がないと一概に決めつけるような評価は誤っています。なぜならば経営能力や人格は知識や学歴だけで測れるものではないからです。

　評価ではなく、その経歴の事実から経営者のいまの人格形成につながることの一端が垣間見えるならば、それを理解することのために経歴を知ることは大事であるといいたいのです。

　経歴の事実は履歴書を読むことでわかりますが、その事実によってどのような経験をして、それが人格形成にどのように影響を与えたかは、経営者自身が自らを語ってくれないとわかるものではありません。多くの経営者は自分の経歴を話してくれます。特に苦労話は自慢げに話してくれるものです。しかし、過去を話したがらない経営者もなかにはいます。触れたくない過去を暴く必要はありませんが、そこに刑事罰や倒産歴があるようでは心配です。

　親族や側近の人たちから聞くことで、経営者が触れたがらない過去の一部はある程度その概要を知ることはできますが、それを目的に聞くようなことは、経営者に知られるとことがむずかしくなるので、注意が必要です。

　経歴が基礎になって、その人の品性や性格、また交友関係が築かれていることも事実です。品性は、人間としての道徳観が備わっているかでみます。

　昨今「品格」という言葉が流行していますが、品格は「その人に感じられ

る気高さや上品さ」という意味で使います（『大辞泉』（小学館））。一方、品性は「道徳的基準からみたその人の性格、人格」という意味で（『大辞泉』（小学館））、品格と使い分けられます。

　コンプライアンス意識が低く、金銭面でも公私の区別があいまいな経営者は、服装や装飾品がブランド物で見た目が上品でも品性は疑われます。経営者と接していて、その経営者の日頃の発言や振舞いや行動をみて、品性があるかないかはおおよそわかると思います。要するにまじめな性格か、お調子者でいい加減な性格かという品性は経営にも表れてくるものです。

　中小企業では、経営者の品性がその経営者が経営する企業の品性でもあるというように理解してよいでしょう。そして、品性のない企業には社員に対しても品性がない行動を強いる傾向があります。

　次に、事業経営者にとってどのような交友関係をもっているかが意外に重要なポイントになります。それは自分の能力をカバーしてくれる知識をもつ人や、友情という絆で助け合う友達がどれほどいるかということです。それは経営者の財産としてみるべきことです。

　具体的には、血縁、地縁のほかに学生時代や趣味や仕事を通じた広がりをみせる人脈などがあります。このような交友関係は経営によい影響を与える存在だといえます。

　なかには、政治家や芸能人、プロスポーツ選手との付合いを自慢し、二人だけで写った写真を部屋に飾っていたり、時にヤクザとの付合いをほのめかしたりする経営者がいます。こういう経営者は、自分の手腕や能力に自信がないためか、性格的にハッタリ屋的なところがあります。貸出取引にそれを持ち出すような場合は注意してください。

　そして、経営者にとって大事なことは経営者の健康です。経営者にもしものことがあった場合、会社の業績低下だけでなく、会社の存続自体が危機にさらされることがあります。

　健康という面では、病気やケガという肉体的側面だけでなく精神的な健康面での状態にも注意を払う必要があります。精神的な健康が保たれていない

と、経営の意思決定時に冷静な判断力とバランス感覚を失い、誤った判断をすることにつながる懸念が生じます。それが社員のモラールに悪影響を与える可能性もあります。いずれにしても健康は経営者にとって最も重要な条件であるということを認識しておくことが必要です。

(2) 考え方と能力

経営者の考え方をよく知っておくことは、取引関係を維持し、継続発展させていくか否かを判断するうえで重要なポイントになります。

ここでの考え方は、政治的信条とか思想的なものを指しているものではありません。あくまでも事業経営に対する考え方です。

大事な点は二つあります。一つは企業経営に関する基本的な考え方、もう一つは取引先や社員に対する考え方です。

企業経営に関して、社会とのかかわり、公私の区別、あるいは企業の発展に関する数字的目標や将来の夢などに対してどのような考え方をもっているかを把握しておくべきです。

コンプライアンス意識が低く、金銭面でも公私の区別があいまいで、社会とのかかわりより個人財産のほうに興味と関心がある経営者の場合、経営者の資質という面でマイナスの判断材料になります。

また取引先や社員に対する考え方が性善説か性悪説かも承知しておくべき重要なポイントです。ここでいう性善説とは、取引先や社員は信用できる存在（＝善人）であるという前提で取引を行い、社員を使い、パートナー意識で接することを意味します。性悪説は逆に、取引先や社員は信用できない（＝悪いことをするかもしれない）という前提に立って経営を行うことをいいます。

「善」と「悪」という表現上の問題から「性悪説だからいけない」と評価を下すことは間違いです。意外に思われるかもしれませんが、中小企業の経営者で成功を収めている経営者には性悪説をとる人が多いといわれることがあります。

また、性善説か性悪説かという考えについて、企業規模や発展段階によっ

て、経営者も考え方を変えることがあります。創業期の家族的経営（少人数社員）の時代は信頼関係に立った性善説で経営していたが、企業規模が大きくなり、社員数も多くなると、経営者の目が届かないこともあり、組織経営に際しては性悪説をとり、内部統制を図り、規定・規則を重要視するように変化することもありえます。

そのような経営に関する基本的考え方を背景に、論理性、洞察力、先見性、説得力というような能力が必要になってきます。これらを経営者はどの程度備えているのかを知ることも大事です。

なぜならば、経営者は企業存続を図るとともに社員の生活を保障するためには、適正な利益を出す会社経営をしなければいけないからです。

特に重要な能力は論理性です。会社経営に論理性がないと、洞察力、先見性、説得力もついてきません。洞察力と先見性は、過去の経験や直感という要素が働くもこともあろうかと思いますが、根底には論理が先になければいけません。説得力は、論理性がなければ社員を納得させることはできません。

経営者に求められる能力はこれだけではありません。企業経営に不可欠な経理や営業、あるいは開発、技術、生産という側面で要求される能力もあるでしょう。また、決断力や企画力など、経営者に求められる能力は多方面多岐にわたります。

しかし、一人の経営者がこれらすべての能力を完璧に発揮できるとは限りません。むしろ得手・不得手があって当然です。あえていえば、計数感覚とバランス感覚とがポイントになります。経済環境や業界環境等がスピードをもって変化していくなかで企業として存続発展していくために経営全般の舵取りで必要なことは、求められるいろいろな能力をバランスよく発揮することです。一つの能力に突出するよりもバランス感覚を保って経営していくことが最も大事です。これは、前述した個人属性によって大きく左右されるとともに、役員・スタッフ（上記⑤）の存在が大きく影響します。

(3) 責任感とリーダー性

経営者は会社の将来像を描き、戦略を練り、戦術と施策を実践する最高責任者であり、また最終責任者でもあります。自らが率先垂範の精神で先頭に立って進むとともに社員を動機づけして動かすことで、所期の成果をあげ、目標を達成することが求められています。

前述したとおり、経営者は、経営者に求められる能力のすべてが完璧に備わっているわけではありません。同様に、経営者一人が頑張っても会社は動きません。社員を動かし、会社全体が一体感をもって仕事に取り組まなければ所期の成果をあげ目標を達成することはできません。

そこで要求される能力は社員に対する指導力、自らが実践する行動力と強力なリーダーシップです。統率力、実行力という言葉でも言い表せます。

そして、行動した結果に対する責任は経営者がとるという気構え、いわゆる責任感が非常に重要です。

戦術と施策を実践した結果、思ったとおりの成果に結びつかなかったとき、経営者のなかには「部下が指示どおりにやらなかった」とか、「命令したのにそれを無視して、いったとおりに動かなかった」という言い訳をする人がいます。これは経営者として責任逃れにしか聞こえません。

経営者は指示・命令を出せば自らの役割が終わったと考えるのは間違いです。指導力とは、部下が指示・命令どおりに動いていない場合、部下に対して指示・命令の意味を伝え、そのとおりに動かす力です。行動力とは、自らが先頭に立ち、見本となる動きをすることです。そして、戦術と施策に則って、指示・命令どおりに社員を使って組織を動かすことが経営者のリーダーシップです。指示・命令を出したら経営者の役目が終わったとし、結果は部下の責任とする経営者の考え方は間違っています。

成果や結果が芳しくないとき、経営者が責任と反省の弁を述べずに、責任を部下に転嫁するがごとく話すことは、醜い言い訳を披歴するものであり、自分には指導力、行動力とリーダーシップがないことを宣言しているのと同じことであると知るべきです。

責任感あふれる言動、そして社員たちを引っ張るリーダーシップが中小企業の経営者には求められます。これも、経営者の個人属性によるところが大きいのです。

(4) 過去の経営実績

企業として業績伸展が継続的に図られ、成果が数値にも顕著に表れるようになってきた背景に経営者の手腕があることに間違いありません。もちろん環境要因がフォローの風になったということがあったにしても、風に乗るような意思決定をしたのは経営者です。企業経営で実績をあげることができたということは、意思決定が正しく行われ、行動も正しく行われたと評価すべきです。

意思決定が正しく行われたということは考え方と能力（論理性、洞察力、先見性、説得力）という、行動が正しく行われたということは責任感とリーダー性（指導力、行動力、リーダーシップ）という、経営者に求められる資質を備えているということの証左といえます。

特に環境変化が激しいとき、技術進歩が著しいとき、金融環境が厳しいとき等々の場面で経営者がどのような意思決定を行ったかによって、企業の業績への影響はもとより企業の浮沈にさえ影響をもたらすことがあります。また同業他社との競争で勝ち抜き、生き残るためにどのような戦略をとるかという問題も経営者の手腕・能力によります。

その意味で、企業の業績がよく、継続的に発展している事実は、経営者の意思決定の実績として評価に値します。なお、見逃してはいけないことがあります。数値上の伸展に結びついていなくとも、むずかしい経営環境下で機会損失の回避ができたことがあれば、それも実績として評価すべきということです。

次に、中小企業の経営者で問題となるのは、その実績が過去のことであることを忘れ、現時点でも同じ意思決定をすればよいと思っているケースがあるということです。時代の変化、環境の変化、技術の進歩あるいは消費者や社員の価値観の変化に気づかず、過去の栄光から脱却できないで、昔ながら

第4章　実体面の把握

の発想で意思決定を行っている経営者がいます。そういう経営者の存在自体がいまの会社経営のネックになっていることに気づかず、あいかわらず独裁的ワンマン経営を行っている企業は不幸です。

中小企業といえどもグローバル化の影響があり、技術の進歩も目覚ましいなか、不確実性が増大し、ビジネスモデルが変化しています。そのようななかでも、過去の成功体験から抜けきれず、パソコンも使えない、海外事情にも疎い経営者の発想は、新たな経営課題へ対応する力がないばかりか、議論にズレを生じさせ、意思決定のタイミングさえ遅くさせる悪要因になりかねません。

その多くは老齢化した創業者にみられます。経営者の老害が企業をダメにするケースもありますので、経営者の経営実績を評価する場合に注意してください。

過去の経営実績を評価する場合に大事なことは、それが普遍的能力として現時点でも評価できる能力か、過去の栄光にあぐらをかいている化石的評価かを分けて考えることです。

このことは役員とスタッフ（上記⑤）と後継者の問題（上記⑥）とも深く関係してきます。

> **寄り道** 小倉昌男『経営学』
>
> 　小倉昌男はヤマト運輸の経営として「宅急便」を世に出した名経営者です。彼は著書で実父（小倉康臣）のことを次のように書いています（小倉昌男『経営学』28〜29頁（日経BP社）より引用）。
>
> > 　市場は大きく変化しつつあった。にもかかわらず、ヤマト運輸は相変わらず関東一円のローカル路線に閉じこもっていた。というのも、社長である康臣が、トラックの守備範囲は百km以内でそれ以上の距離の輸送は鉄道の分野だ、と固く信じていたからである。私を筆頭に社内の若手は長距離輸送への進出を懇願したが康臣は断固として許さなかった。確かに戦前のヤマトは、康臣の信念を貫いてローカルに徹したから成功した。しかし、すでに述べたように、トラック輸送の市場の様相は大きく変化していた。

> （中略）
> 　この5年の遅れは痛かった。新規事業の挨拶に回っても、すでに主な荷主は同業者に押さえられ、貨物が集まらないのには頭を抱えてしまった。
> 　康臣は確かにすぐれた経営者であった。しかし、たとえどれだけすぐれていようとも、経営者の過去の成功体験が、時代が変わって新しい仕事を始めるときに大きな妨げになることがある―。
> 　それをこのときほど痛感したことはなかった。

(5) 役員とスタッフ

　会社が発展するに従い、売上げや利益が伸び、従業員数も増えてきます。組織が拡大し、中間管理職の人たちも部下をもつようになってきます。会社の発展に伴い、経営者が自分一人ですべてに目配りでき、気配りできる守備範囲は限界を超えてきます。

　組織が総務・経理・人事・営業・生産・システム等々に分かれてくると、経営者がすべての組織が抱える問題点を正確に把握し、正しい意思決定を行うことがむずかしくなってきます。そこで経営者の補佐役として、役員やスタッフの存在と役割分担が大事になってきます。役員や部長職等のスタッフは形式的・名目的な存在で実態は経営者の独裁・ワンマン経営であるか、それとも役員・スタッフは与えられた職務にふさわしい役割を果たしているかが問われます。

　中小企業の役員やスタッフには創業者の番頭格のような人や経営者の家族・親族が占めている場合も多いことでしょう。問題はそれぞれの役割を遂行するに必要な能力を備えているかです。能力や実力とは関係なく、経営者のイエスマンや血縁関係という理由だけで役員やスタッフになっている場合、経営陣として弱体であるといわざるをえません。

　また、経営者と役員やスタッフとの関係も重要です。意見の対立や人事抗争など、経営陣のなかに不協和音がみられる場合、経営者の意思決定や社内ムードへの影響等もあり、経営にリスクが存在するといわざるをえません。その実態は役員やスタッフが退職する理由に現れてきますので、そのような

社内情報に注意を払っておくことも大事です。

役員やスタッフがそれぞれの職務遂行に関するふさわしい能力を有し、経営者を補佐し、支え、信頼と協調、協力体制ができあがっている関係が望ましく、ベストといえます。

中小企業では往々にして、経営者の交代時（事業承継）や同族経営の場合の相続時に親族間や役員間に対立や抗争が起こりえます。その意味からも、経営者の最大の仕事として、後継者を決定し、早くから育成する必要性が問われているのです。

(6) 後 継 者

本来、株式会社の所有と経営とは分離されてしかるべきと考えるべきところ、中小企業の実態はそのようになっていません。

前述したとおり、中小企業の経営者の最大の仕事は後継者の決定と育成といわれています。オーナー経営者の場合、後継者には経営者の役割という仕事の引継ぎという側面だけでなく、資産の承継（＝経営権の確保と承継）という問題も関係しているからです。この場合、能力の有無よりも同族経営の維持という考えが優先されることになります。それは経営者としての手腕より血縁が重視される結果でもあります。

このような場合、資産の承継は相続税の問題も関係してきますので、早めに後継者を指名し、経営者として育成するとともに、相続税対策を含めた資本政策も対策を打っておく必要があります。

一方、昨今の中小企業の事業承継の実態をみますと、業種によって後継者をみつけることが困難になり、会社を売却するケースも出てきています。これからの少子化問題やグローバルな競争社会を考えた場合、また子供自身の希望や能力を考えた場合、昔ながらに子供に事業を引き継ぐこと自体の考え方にも変化が出てきているようです。

オーナー経営者も、従来の「一子相伝」のような、子供を後継者にして事業を承継していく考え方だけでなく、会社存続にとって最良の方法は何かと考えるようになってきています。これからの事業承継にはいろいろなパター

ンが出てくるでしょう。

「企業承継」には9種の選択肢があります（企業再建・承継コンサルタント協同組合『企業承継の考え方と実務』（ダイヤモンド社））。それをここで紹介します。

① 昔ながらの親族承継をする
② 親族の共同承継（兄弟姉妹）をする
③ 経営者一族は株主として存在し、社内人材へ経営権を委譲する
④ 経営者一族は株主として存在し、外部の人材へ経営を任せる
⑤ 経営者一族は株式を手放し、これを社内人材へ譲渡する……MBO
⑥ 経営者一族は株式を手放し、これを外部の会社や人材に譲渡する……M&A
⑦ 会社は解散し、財産は経営者一族で分与する……会社は消滅
⑧ （債務超過状態等の場合）破産その他の法的処理をする……会社は消滅
⑨ 株式公開をする……経営者一族が経営に最後まで関与できる保証はない

要は現経営者が会社の将来をどのようにとらえているか、そのなかで後継者問題をどのように考えているかが問われます。この点は、貸出担当者レベルでなく、支店長自らが経営者に会ってヒアリングすることが必要になってくるでしょう。

いまでも多くの中小企業における後継者の選定は、前述の①のケースが一番多いことは事実です。その場合、資本の論理だけで後継者に指名することと、経営者としての能力が備わっていることとは別問題です。後継者に現経営者の子供がいるので子供を選任すれば事業承継のすべての問題が解決するかというと、そういうわけではありません。子供の年齢が若すぎる場合もあります。

創業者がワンマン経営者であったり、現経営者がきわめて有能であったりする場合、ともすると後継者は前経営者と比較されて、能力が足りないと

か、未熟であるといわれることがあります。

　一方、後継者に学歴があり、考え方もしっかりしているが、経営に対する考え方が斬新であるがゆえに、またその考え方が現在のそれとあまりに断絶している場合、さらには、改革の手段・方法が現役員や社員たちが受け入れられない場合、事業承継はむずかしい局面にぶつかります。

　そこに資産の相続が兄弟間で問題になると、お家騒動になりかねません。実際、そのような事例は枚挙にいとまがありません。

　そこで経営者は、早い時期に後継者の指名を行って、現経営者が数年計画で後継者として薫陶し、役員・社員が受け入れられるように育てる以外に妙案はありません。後継者であるという既成事実を作り上げることが先決なのではないでしょうか。能力に多少の疑問がある場合は役員・スタッフが支える体制が必要になってきます。

　経営者は、息子を後継者として会社に入れる前に、修業と称して継ぐべき会社の主要な取引先で修業させたり、業界大手、あるいは主力銀行に入ってビジネス全般の勉強をさせたりするケースもあります。これは、入社させる前から事実上の後継者と決めて、息子のキャリアパスの一環として考えているのですから、一つの有効な方法といえます。しかし、数年の修業期間を終えて父親が経営する会社に後継者として入社したのに、修業先で学んださまざまなことを自社で生かし切れないのでは、修業した意味がありません。

　父親である現経営者と他社で修業をしてきた後継者とが自社の経営に関する考え方や方針で衝突する場面に至ったとき、現経営者の現状維持方針で行くか、後継者の改革方針で行くかという判断が求められます。会社がどちらに舵を切るかによって、将来の会社の命運が左右されることになります。

　このように、後継者の問題は企業の存続にかかわる重大事であるということを強く認識しなければなりません。

> **寄り道** 父と子
>
> 　某社は創業者の父が興して、創業40年が経ちます。以前から一人息子を後

継者として考えていました。息子は大学卒業後、父親の意向もあり、同業界大手上場企業に就職しました。数年間の修業を終え、父の会社に役員として入りました。

　同業界大手上場企業では、営業と人事とを経験し、学び、教えてもらいました。ところが、それは自社の経営とはいろいろな点で違いました。企業規模の違いがあることをふまえても、自社で改革を行うことが必要であると痛感しますが、父親である社長の意向には逆らえません。結局、修業時代に経験し、学んだことは自社内で一つも生かされていません。

　創業者である父親は、自身の成功体験から脱却できず、昔ながらの方法をとっています。具体的には、内部統制・内部管理には関心が薄く、営業一辺倒であるため、総務・経理・人事がおろそかになっています。そこには社員の労働時間、残業問題等々は後手に回っています。組織を使わず、社長が特定個人にトップダウンで指示するため、情報も共有化できていません。長時間働く者は仕事熱心で頑張っている者であるといい、人事にも好き嫌いが顕著に表れます。

　若手社員は後継者の息子の改革に期待していますが、息子も父親が社長でいる間は仕方がないとあきらめています。自分が社長になった段階で自分の思うどおりに改革すればよいと考え始めました。

　これが「吉」と出るか「凶」と出るか。父親の引退が数年後であるとすると、改革の遅れがそれだけ遅れるということです。むしろ競争が激しい業界だけにそれ以上の遅れになるでしょう。

　前に小倉昌男の『経営学』を紹介しました。そこで彼は「経営者の過去の成功体験が、時代が変わって新しい仕事を始めるときに大きな妨げになることがある」と書いています。

2　経営者を識って

　中小企業と貸出取引を行ううえで、経営者を識るということは非常に大事なことです。しかしまたむずかしいことでもあります。本節1で述べたことから、中小企業の経営者にはさまざまなタイプの人がいることがわかります。さまざまなタイプの経営者を識るということと評価するということとは違います。

そもそも経営者を評価する尺度というものは存在しません。経営者を評価するということ自体、銀行員の不遜的態度だと指摘されるでしょう。サラリーマンである銀行員が経営者を評価することができるでしょうか。

本項では、経営者にまつわる話をいくつか取り上げます。

(1) **経営者いろいろ**

中小企業では、アクが強い経営者、傲慢な経営者でも、事業経営が成功し、会社が発展していれば、経営手腕があると認められます。

技術畑出身で経理がわからない人、営業畑出身で饒舌で話が長い人、陰気くさく口数が少ない人、短気な性格ですぐに怒る人、楽天的で大雑把な人、神経質で金銭にものすごく細かい人、自慢ばかりする人、大酒飲みで酒癖が悪い人、家庭内に問題を抱えている人、賭けごとが好きな人、宗教に凝っている人、派手好きな人、銀行に協力的な人・協力的でない人、学歴がある人・ない人等々、成功した経営者の性格は千差万別です。また、同じ性格でも経営に失敗する人もいます。

なぜなのでしょうか。

このような事実から、経営者を評価する尺度がつくれるとは思えません。

(2) **経営者を識る努力**

経営者を識るということはむずかしいと述べました。その理由の一つは、直接面談だけでは経営者の真の姿がみえない部分があるということです。決算書で売上げ・利益が好調なことが数値で確認できる場合、その経営実績を背景にした経営者の発言をうのみにしてしまい、影があることを見落としてしまうことがあるからです。

銀行には、業績がよい会社や格付評価が高い会社について、あえて経営者の実態を識ることや会社に関する情報を収集することに積極的にならないという傾向があるのではないでしょうか。逆に、業績が悪い会社の場合は、経営者の欠点やアラを探したり、会社経営の問題点を深くみたりするようになる傾向があるようです。

経営者を識るということに関していえば、そのような傾向や習慣を排除し

て、業績の良否や格付、銀行への貢献度などは関係なく、すべての経営者を冷静に観察する、「識る」という努力をする態度が必要です。

中小企業の経営には経営者次第である面は否めません。経営者の考え方や能力が会社の意思決定につながり、それが売上げや利益に結びつきます。そのように考えると、中小企業の経営者を正しく識ることができれば、貸出業務で判断を誤る確率の半分以上はクリアされるといっても過言ではありません。

このことが「人をみて貸す」という言葉の意味です。

(3) **経営者と取締役会**

中小企業の経営は経営者次第であると何度も述べました。経営者はあらゆる経営判断を実態的には一人で行っています。それでは株式会社である中小企業において、経営者と取締役会との関係はどのようになっているのでしょうか。

会社法362条2項では一定の重要事項については取締役会で必ず決定しなければいけないと定められています。

> 取締役会は、次に掲げる職務を行う。
> 一　取締役会設置会社の業務執行の決定
> 二　取締役の職務の執行の監督
> 三　代表取締役の選定及び解職

そして、同じく会社法362条4項では、取締役（個人）に委任することなく、必ず取締役会で決定しなければならない業務として四つの事項をあげています。

> 取締役会は、次に掲げる事項その他の重要な業務執行の決定を取締役に委任することができない。
> 一　重要な財産の処分及び譲受け
> 二　多額の借財
> 三　支配人その他の重要な使用人の選任及び解任
> 四　支店その他の重要な組織の設置、変更及び廃止

以上からわかるように、重要な業務執行に関する事項について、取締役はもとより、代表取締役（＝経営者）にも決定を委任することはできないという定めになっています。
　ところが、会社法370条は取締役会を開かなくてもよい場合があることを定めています。

>　取締役会設置会社は、取締役が取締役会の決議の目的である事項について提案をした場合において、当該提案につき取締役の全員が書面又は電磁的記録により同意の意思表示をしたときは、当該提案を可決する旨の取締役会の決議があったものとみなす旨を定款で定めることができる。

　したがって、中小企業の多くは会社法370条と同様の趣旨を書いた一文を定款に定めています。これを根拠にして、経営者は自分の考えに取締役の全員が賛成するという前提で取締役会を開かずに物事を一人で決めているのです。

⑷　あなたならどうする

　人はだれでも「自己正当化」をする傾向があります。自分の欠点はみられたくない、隠したがるものです。特に経営者はその傾向が強く出るかもしれません。
　某銀行某支店に、貸出残高が支店で最も多く、業績も好調の会社がありました。主力銀行としてこの会社とは引き続き良好な関係を保っていくために、経営者が話すことには「はい」と聞くだけで、経営者の機嫌をとるばかりでした。
　同社には銀行OBを派遣していながらも、そのOBが発信するSOSや同社内情報は聞き流していました。経営者からの情報を優先して聞き、OBの話は聞きませんでした。そして、そのOBは会社を辞めることになりました。支店長が慌ててその理由を問いただしたところ、経営者の公私混同の振舞いについていけない、悪い点の是正を提案しても拒否され、コンプライアンス上の問題点を指摘するとにらまれる等々のことから、自分を偽ってまでこの経

営者や会社のために働くことに疑問を感じ、またライン長としてその責任を負う立場になることは精神的に耐えられないという説明でした。

経営者の問題点として、経営者自身が交通違反のもみ消しを警察に依頼したり、労働基準監督署への社員の訴えを政治家を使って抑えたり、愛人や趣味に会社の金を使い、息子の住宅借入れに会社の預金を担保に提供したり（息子は預金担保の低利で借りている）、個人的に崇拝する宗教に関して任意参加といいながらも社内行事にしたりと、いろいろな実態が明らかになりました。

銀行は、銀行OBからの話よりも経営者との関係を重視していたため、銀行OBが内部から発信していた生の情報を真剣に聞いていなかったのです。このような実態は経営者が自ら話すわけがありません。たまたま銀行OBがいたことから事後的ながら実態が表に出ましたが、そうでなければ社内における経営者の実態はわかりにくいことも事実です。

それを正しく識るためには、情報を得る接点として、経営者とは別に経理財務担当のライン（役員・部長・課長・担当者）との接触から社内情報をとることも重要です。

この問題を考えるとき、経営者の資質や行動が上記のようであっても、業績が好調で前向きな資金需要が今後も出てくる場合、銀行としてその申出依頼に対してどのように対応すればよいでしょうか。

会社の業績は良好、かつ財務内容にも問題なく、債務者格付も正常先で、取引方針も「主力行としてさらなるシェア拡大を目指す」という場合、上記のような経営者の素行や実態を知ったとき、あなたならどのように対応しますか。

考え方は2通りあります。
　① 債権保全上の問題はないので貸出申出には応ずる。
　② 経営者の資質が社会の常識尺度に反することから、消極方針に変える。

この是非は意見が分かれることでしょう。ちなみに筆者の意見は②です。

その理由は、銀行にとって大事なことは、数字を伸ばすことよりも取引先の質を優先することであるという考え方をとっているからです。ただし、いきなり方針を急変するのではなく、まず主力銀行として経営者に対して直すべき点や正すべき点について勇気をもって申し入れます。それが主力銀行の役割であると考えるからです。

　コンプライアンス意識が低い経営者の会社は、将来業績の低下や社会的な問題を引き起こすリスクが潜在化しています。マスコミざたになるようなリスクを抱える企業との取引は銀行の信用を損ないかねません。このような企業との取引は慎重に考えなければいけません。

　これが「サウンド・バンキング」の考え方です。

寄り道　経営者のコンプライアンス意識

　某社の経営は、創業社長のワンマン経営でした。取締役というのは名ばかりで、創業時から苦労をともにしてきたメンバーを取巻きの役員にして、いわゆる「名ばかり役員」で周りを固めていました。したがって社長の考えに異論をはさむ者はいません。経営判断に係る重要な業務執行事項も実態的には取締役会を開くことなく、社長の一存で決められてきました。

　会社の金を使って株式投資に走って数億円の損失を出しても、社長を責めることはありません。本業で利益を出すことに日々苦労している役員や従業員の気持ちを知ってか知らずか、毎日株価をみる社長でした。そのほかにも自分の趣味に会社の金を使う等、公私混同ぶりは目を覆うばかりでした。それでも社長に意見する者はいませんでした。

　社長は後継者に息子を指名しました。息子も社長の行いがコンプライアンス上も不味であり、何よりも役員・従業員がみてみぬふりをしていることを知りながらも、父親である社長には意見できません。

　とうとう、複数の従業員が関連する役所へ匿名の告発状を出しました。それを知った社長は、反省するのではなく犯人捜しを行い、役所へは政治家を使ってもみ消すという行動に出たそうです。

　まさに、経営者のモラルが問われる事例です。会社の業績だけをみて貸出判断や債権保全を考えるのではなく、経営者のコンプライアンス意識に疑問があるときは取引先としてふさわしいかを考える必要性があります。

第 4 節

現地・現場を観て、聞く

　ここでは「みる」という字を「観る」と書きました。一般的な「見る」は「目でみる、みえる」という字義で、「観る」は「念を入れてみる、観察」という字義です（『角川漢和中辞典』）。

　会社の現場を訪問し実地調査する場所として本社と工場との二つを「みる」場合、単に目でみる、みえるという行為を超えて、そこから経営に関する情報や事実を読み取ることが目的であることから、「念を入れてみる」という意味を重視して「観る」という字をあてました。そして、現地で「聞く」ことから知り、学ぶこともあります。

　貸出担当者の仕事は他の部署より忙しいといえます。来客や電話応対はもとより、報告書や稟議書を書く仕事にも時間をとられます。往々にして取引先を訪問する時間が後回しになっていないでしょうか。取引先概要表を埋めるため、稟議書添付資料作成のため、電話で用事をすませていませんか。

　本節では、取引先の本社や工場を訪問することの意義の重要性について述べます。

　なぜ、現地・現場に行く必要があるのでしょうか。これを正しく理解しない人が「上司にいわれているから行く」というような認識では、たとえ現地・現場に行ったとしても、その成果をあげることはできません。現地・現場に行くことの意義をしっかりと認識しなければいけません。

　支店内の机に座って、取引先のファイルや決算書をみているだけでは、取引先の実態把握はできません。正しい貸出判断もできません。取引先へ行

き、経営者や経理部長等の人と話をすることから、学ぶこと、識ることがたくさんあります。昔から「百聞は一見にしかず」という言葉があるように、書類を読んで知ることと、実際に行って、観て、識ることとは大きな違いがあります。現地・現場には、机に座っていてもイメージできない何か特別のものがそこにあります。それは現地・現場に行って発見するしかありません。

たとえば、現地・現場に行くのにどのくらいの時間がかかったか、交通の便はどうだったかは身をもって体験できます。行った先にはそこの空気があります。その会社の匂いを感じ、音を聞き、そこで働く人たちの熱気や雰囲気を感じ、その人たちと会話をすることで得られる親しさや緊張感があります。会社の立地場所はもとより建物の大きさ、古さ、働いている人たちの顔、忙しさ、慌ただしさ、あるいは静けさ。勤務態度などは、書類からはわかりません。工場や営業所に行くと人や機械の動きから活気などが伝わってきます。これらを肌身で感じ取ることが大事です。なぜならば、決算書に表れる数字はこのような現地・現場の動きの結果だからです。数字という表面的な分析では得られない事実が現地・現場にはあります。

貸出担当者にとって、現地・現場へ出向き、自分で実感し、自分の言葉で表現し、説明することは、書類から得た情報とは認識度が格段に違うということです。まさに「百聞は一見にしかず」という言葉のとおりです。現地・現場には情報が埋まっています。それが発掘できるかは、担当者のアンテナが機能を発揮できるかが重要になってきます。

1　本社訪問で何を観て、何を聞くか

(1) 観ること

貸出担当者になると引継ぎで必ずその会社の本社にあいさつに行きます。このときは名刺交換と簡単なあいさつだけで終わります。その後、時間を空けずに担当先の会社を必ず一人で訪問することが大事です。

その際は、いままで述べてきたとおり、取引先概要表や決算書に目を通し、概略の内容を頭に入れ、さらに訪問の目的を決めて訪問するように心がけてください。たとえば、取引先概要表に記載されている項目のうちより深く知っておきたい事項、決算内容について確認しておきたい事項、他行との取引現況等々の質問を用意し、面談の内容をある程度組み立てて訪問することが望ましいといえます。

　酒屋の御用聞きのように、「こんにちは、何か御用はありませんか」では困ります。困るだけでなく、これでは取引先から信用を失うことになりかねません。訪問前には必ず予習をする習慣をつけるようにしましょう。

　次に、実際に本社に行ったときに観察するポイントはどのような点があるかについて述べます。目と耳で感じ取れることの全部が情報であるといっても過言ではありません。それを情報として活用するか否かは担当者の興味や好奇心の程度によります。それは貸出材料としての話に発展するかもしれないし、債権保全上の問題として意識するべき情報かもしれません。すなわち、担当者のアンテナ機能の感度次第といえます。

　たとえば、あまりに老朽化した建物の場合、本社改築建設資金の借入需要につながるかもしれません。また、それまでは月間予定表にいっぱいに書かれていたスケジュール等が前月あたりから白い（書かれていない日）部分が目立つようになり、社員数も減り、社員の一部が暇そうにしていることから業績悪化を感じ取れるかもしれません。これらは担当者のアンテナの感度の問題です。そのような事実をみても、感度が悪く、感性が乏しい人は、単にみただけで終わるでしょう。

　経験を積むこと、上司のアドバイスで学ぶこと以外に感度を磨く手段は見当たりません。そのためには、会社訪問した後の報告・連絡・相談が大事になってきます。

　ちなみにどのような点を観察したらよいかについて経験からいえるところを以下に書き出します。どれも情報となります。

a　目にみえる、みること
　　◇建物……周囲・周辺の状況、建物の大きさ・広さ、老朽化の程度
　　◇社長室……広さ、書籍雑誌、飾り物（絵画・表彰額縁・優勝カップ）
　　◇フロア……社員数、勤務態度、社員の表情、月間予定表（黒板）
　　◇その他……トイレ・床・階段、清掃具合、郵便物、標語・スローガン、社訓、人の出入り・動き、花や観葉植物、社長車、PC機種、書類等の整理整頓、ポスター、カレンダー、目標と実績比較（進捗状況）のグラフ等々

これらはどのような情報になるでしょうか。

たとえば、どのような書籍雑誌が置いてあるかで社長の興味や情報源がわかります。絵画や優勝カップなどから経営者の趣味が、社員の勤務態度や表情から会社の雰囲気やムードが感じられ、標語・スローガンから会社の目標が読み取れ、社訓から創業者や経営者の信念や考え方などが読み取れます。清掃具合や整理整頓の状況などからも社員のしつけや経営者の管理の厳しさや甘さなどが想像されます。政治家のポスターや、カレンダーに印刷されている会社名から取引先名や親密度などもわかります。

b　耳に聞こえること
　　◇あいさつ、電話、仕事上の会話、私語、PC等のオフィス器の稼働、社員間の話声の大きさ、社長・役職者と社員の会話、返事

このように耳に聞こえることからも社内の雰囲気や活気の有無が感じられ、仕事の忙しさや仕事に対する社員の意気込みや姿勢がわかります。

大事なことは、担当者として貸出取引先に対してどれほどの興味と好奇心をもつかです。無関心では取引先も担当者に信頼を寄せません。そこには生きた貸出取引にはならず、業績にも寄与することはないでしょう。

(2)　聞くこと

a　経営者に聞く

本社に行った際は、できるだけ経営者と話す機会をもつとよいでしょう。取引先によって、経営者は担当者には会わず、支店長の訪問のときだけに顔

を出す経営者もいます。そういう取引先には支店長の訪問機会をつくり、帯同して経営者と接することも大事です。

　経営者に質問することはいろいろあるでしょう。経営者に質問することは、知らないことを識る、話を聞くことで教えられ学ぶことがあるという意識で臨んでください。それが貸出担当者としての幸福と喜びに通ずる何かを得られる場面と心得てください。

　銀行員がよくおかす間違いは、相手が中小企業であるという規模的なことを錯覚し、経営者に対して問いただし、見下すような態度や言葉づかいをすることです。取引先第一であるという基本認識を忘れたり、また社会人として人生の先輩である年齢の人に失礼があったりしてはいけません。応対には礼儀正しく臨むようにしなければいけません。

　さて、経営者について識るべき六つの項目について前節で述べました。それらに関する項目について聞くとともに、次のようなことを聞くことで、経営者、会社の実態を把握するように努めてください。

　　◇数値に関すること（数字についてどれほど知っているか）
　　　売上高、生産高、利益額、利益率、社員数、損益分岐点、借入金額等
　　◇将来の夢・目標（生き生きと語るか）
　　　中期計画、長期計画の売上目標、海外進出、上場計画、店舗数等
　　◇業界動向（視野は広いか）
　　　業界の先行き、グローバル化の流れ、先端技術、新商品開発等
　　◇社員に関すること（社員への関心度、社員を大事にしているか）
　　　社員教育、福利厚生、採用、賞与等
　　◇現在の関心事（事業に専念しているか）
　　　ゴルフの頻度や腕前、政治家との付合い、業界団体等の役職
　　◇家庭と健康（私生活は健全か）
　　　経営者自身の健康、家族の健康、家庭は円満か等
　　◇銀行取引（競合相手を探る）
　　　他行の取引状況や満足度、不満はないか等

b　社員に聞く

　経営者ばかりでなく、社員から情報をとることも大事です。そのためには日頃から訪問時のあいさつや銀行が配布するサービス提供品などをこまめに渡すなど、仲良くしておくことが大事です。

　情報がほしいという目的意識を前面に出して聞くのではなく、普段からの会話のなかで、自然に何気なく話されるような関係になれればしめたものです。たとえば「おたくの社長はどんな人」と聞くと相手も困ってしまいますが、「おたくの社長はすごいよね。あんなにバイタリティがある人はみたことがないよ」とか「社長は優しくておおらかな性格だから、皆さんも仕事はやりやすいでしょう」というように聞くと、「実は……」とか「そうなんですよ」などと気軽に答えてくれます。

　社員から聞くことの意味は、担当者として自らが観察したことと、社員が思っていることと、認識の相違がないかがポイントです。

　そういう意味から社員から聞く話題は次のようなものが考えられます。

　　◇社長の性格

　　　好かれているか嫌われているか、ワンマンか、人情味はあるか。

　　◇社長の能力

　　　褒めるか悪口か、信頼の有無、論理的か感情的か、リーダー性はあるか。

　　◇社長の行動

　　　来客はだれか、だれとゴルフをするか、よく来る銀行はどこか、勤務時間は長いか、家庭ではどうか。

　　◇業績

　　　売れているか、儲かっているか。

　　◇社員たちのやりがい

　　　仕事が楽しいか、給料や賞与に不満はないか。

2　工場訪問で何を観て、何を聞くか

(1)　観ること

　本章第1節の〈事例8〉において、福田君は工場見学のレポートの書き方がわからないといったことを受けて、支店長が工場見学のポイントの勉強会を行うと約束しました。

　そこで、ここでは工場見学のポイントについて述べます。

　メーカー（製造業）の場合、本社より工場をみるほうが勉強になるといわれます。なぜならば、メーカーの経営では、管理部門あるいは営業部門といわれる非生産部門とまさに現場である生産製造部門との力関係をみると、ほとんどのメーカーで生産製造部門の力のほうが強いからです。

　筆者は銀行を退職した後にメーカー（東証一部）に勤務しましたが、そこでもそうでした。銀行員がメーカーの工場見学に行くと、ほとんどの人はメーカー側の人の説明に理解ができないにもかかわらず、稼働している機械や自動化されたライン、製品ができあがってくる様をみると感心し、一目ぼれするようです。工場の何をみてよしあしを評価したらよいか、どのように判断したらよいかわからないまま、「へえ、そうですか」「わあ、すごい」で終わるのが実態ではないでしょうか。そして見終わって、工場から一歩外へ出てしまうと、よく覚えていないというのも実態の一面でしょう。

　それは大工場だけでなく、中小企業の町工場をみてもしかりです。工場見学は、銀行員が支店で決算分析や稟議書を書いているのとはまったく違う「モノづくり」という世界に出会える感動があるからかもしれません。

　銀行員は銀行の仕事をするのが役目ですから、工場を理解することは素人でもかまいません。ですから、工場見学のときに説明を受ける素材や技術、あるいは機械の稼働状況等々のことを理解できなくても仕方ありません。

　逆に、工場見学を受け入れるメーカー側の立場になってみますと、銀行員や消費者などは生産や技術に素人であることから、むずかしい説明は不要で、極端なことをいえば説明は理解されなくても製品のよき理解者としてフ

ァンになってくれればよいと思っているかもしれません。

　メーカー側が工場見学を受け入れない、あるいはそれを忌避したがる見学者がいます。それは、当然ながら競合他社、そして業界関係者です。そのような人たちがプロの目で工場内の設備をみると一目でいろいろなことがわかってしまいます。使用している機械のメーカー、設置台数や配置、また独自に開発した機械がみられると、生産・製造に関する企業秘密や工場能力が知られてしまいます。全体の設備内容や稼働状況、材料や仕掛品の動線、労働者数、スピード等々からその工場のレベルが知られ、技術や方法が盗まれる可能性が大きいからです。そこで、工場側は工場内の全部あるいは一部を写真撮影禁止にしています。

　素人の銀行員が観るべきポイントは何でしょうか。以下に観るべき項目を掲げます。

　　◇工場立地に問題はないか（宅地化、騒音等の問題）。
　　◇工場の規模、築年数、老朽具合はどうか。
　　◇主要機械とその稼働状況はどうか。
　　◇工程は自動化されているか、人の手が必要なラインか。
　　◇ロボットやPC操作によるか、手動か。
　　◇材料や仕掛品や製品、あるいは人の動線で気になることはないか。
　　◇工場内の整理整頓ができているか。モノが雑然と置かれていないか。
　　◇清掃が行き届いているか。不潔感や汚さを感じないか。
　　◇照明が暗くないか。機械や加工の手元に暗さを感じないか。
　　◇在庫管理ができているか。不良在庫や使用期限切れのものはないか。
　　◇故障している機械はないか。点検整備は定期的に行われているか。
　　◇製造過程において停滞している箇所はないか。段取りはできているか。
　　◇あいさつはキビキビ行われているか。
　　◇私語や長話をしていないか。
　　◇制服、帽子は身だしなみよく着用されているか。

◇納期管理はできているか。

◇品質管理や省エネの標語、ポスターはあるか。

> **寄り道** 海外工場は観に行くべきか
>
> いまの時代、中小企業も海外へ進出しています。とりわけ製造業では、価格競争力の確保という観点から製造コストの低減をねらって中国をはじめ東南アジアへ自社主力工場を移すところが増えています。
>
> このように、生産の過半を海外に依存するようになっている中小企業の海外生産現地法人を銀行として観る必要性はあるでしょうか。
>
> 生産の過半を海外に依存するということは、それが経営に大きな影響を及ぼすことは自明です。そのような経営に重大な影響を与える主力工場の実態は、貸出取引先に対する与信管理と債権保全の両面から把握しておく必要があると考え、できれば観ておく必要があります。
>
> 本節の冒頭で次のように述べました。
>
> 「昔から「百聞は一見にしかず」という言葉があるように、書類を読んで知ることと、実際に行って、観て、識ることとは大きな違いがあります。現地・現場には、机に座っていてもイメージできない何か特別のものがそこにあります。それは現地・現場に行って発見するしかありません」
>
> 本件の問題の本質は国内か海外かではありません。その主力工場の存在が取引先の経営に大きな影響を与えるならば、その主力工場の実態把握を行う必要があるか否かが問題の本質です。場所が国内か海外か、海外ならば観る必要性はないという議論にはなりません。
>
> しかし、現実としてコスト（費用＋時間）が問題になります。そこで主力貸出取引先の主力工場が海外にある場合は優先順位を高く考え、観に行くことをお勧めします。
>
> いまや、中小企業といえどもグローバルビジネス社会で生残りをかけて戦っています。海外の主力工場は会社の命運を賭けた投資であり、その最前線でもあります。海外進出という経営判断の良否を見極めることが、与信管理上、債権保全上、重要になっています。
>
> 海外のビジネス事情を知らない支店長は、何度も海外に出かけ、海外の事情を知っている取引先の経営者と対等に話すことはできません。会社経営に大きな影響を与える主力工場の実態把握を行わずに貸出判断をするということ自体、暗闇のなかを手探りと勘で前へ進むようなものです。

支店長に限らず担当者でも、実態把握が必要性であると考える場合、海外へ出向くことは大事であると思います。

(2) 聞くこと

　それでは素人の銀行員が工場見学に行った際、どういう質問を行い、何をみたらよいでしょうか。

　メーカーの工場運営は、業種を問わず、安全・効率化・品質・原価低減がポイントです。当該工場へ行くことになったからと、予習勉強を行い、材料・素材、開発技術、生産技術等に係る質問をすることも大事ですが、しょせん予習したこと以上に深く突っ込むことはできないのが素人なので、無理に下駄を履くような質問は不要です。

　もちろん、担当取引先の技術・生産・製品に興味をもち、また担当者自身が理科系科目の勉強に関心がある場合は、それなりの知識を勉強して、その知識を生かした質問を行うと、取引先が担当者をみる目が変わります。うかつなことはいえないとか、間違った説明ではいけないとか、そして、そこまで勉強しているのか、それほど関心をもってくれているのかと思われ、信頼度が増すことにつながるでしょう。

　しかし、それほどまではできない銀行員のほうが圧倒的に多いでしょう。その場合は素人なりの態度で見学をすればよいのですが、そのときの要領として、次のような心得を知って工場見学に臨むとよいでしょう。

　それは、メーカー側が日頃の工場の運営管理を行うときの基本項目として使用している以下の言葉を知り、それに沿った質問を行い、現場を観察するということです。

　① 安全確認
　　◇自然災害の想定範囲、対策
　　◇環境汚染（水質・土壌の汚濁、煙、廃棄物）の懸念、対策
　　◇機械、電気等による人的事故（労災）の実態
　② QCD運動

◇Q（Quality：品質向上）の現状、目標と対策

◇C（Cost：原価低減）の現状、目標と対策

◇D（Delivery：納期短縮）の現状、目標と対策

③　3M排除運動

◇ムリ……原理原則、自然、経験則に反すること

→マニュアル・基準書の有無

◇ムダ：人材、資材、機材、設備の能力と現場

→人・モノの適正値、バランス

◇ムラ：偏りあり、再現性ない、アンバランス

→ムリとムダの混在の実態

④　5S運動

◇整理……生産に、よい悪い・必要不必要・やるやらない

◇整頓……現場で、わかりやすく・目にみえるように

◇清潔……現場で、きれい・安心の基準を明確にする

◇清掃……現場で、汚れ・不具合・異常を取り除く

◇しつけ……現場で、義務づける・習慣化する訓練

⑤　その他

◇QCサークル活動

◇作業服、安全靴、保護眼鏡

◇安全教育、安全管理会議・推進方法

　このような項目はどの業界・業種の工場でも共通する工場運営の基本になる管理方法です。このような内容ならば、理科・工学系の知識が乏しい銀行員でも一般論として質問可能な切り口になりうるでしょう。

　そして、工場見学で最も重要なポイントは何かといいますと、原価低減に関する質問です。ちなみにその次は納期短縮という問題です。

　メーカーでは、生産側は常に原価低減との戦いに明け暮れているといっても過言ではありません。本社の経営あるいは経理が工場へ注文することのトップ項目は原価低減の目標達成です。工場は、自ら究極の製造原価に近づく

べくあらゆる方法を駆使して努力しています。

　そこで銀行員としてその点の質問は欠かせません。すなわち、原価低減目標を聞き、それを実現するための方法・手段、そして現時点における進捗状況を聞くことは、工場側にとって痛いところを突かれたということになります。この点について胸を張って説明できるか、笑ってごまかすかによって、工場のコスト意識や収益マインドに対する問題点がみえてきます。

3　経営者の自宅を観る

　中小企業経営者の自宅は不動産担保として差し入れられているケースが多いと思います。不動産担保として入担していない場合でも、経営者が会社の借入れの保証人になっているときは、保証人の資産背景を把握するために経営者の自宅を観ておく必要があります。

　多くの金融機関では、会社と経営者が所有する不動産について「不動産担保明細表」あるいは「資産調査表」として、明細を調べていることでしょう。大事なことは、「資産調査表」に記載されている不動産について現地・現物を実際に観ているかどうかです。

　また、前任者、あるいは前々任者が作成した同表を継続的に利用しているとしたら、当該不動産の最新の登記簿で内容（所有者、権利関係）の確認を行うとともに、評価金額の洗い替えを行う必要があります。

　経営者の自宅を観るということの意味は、担保物件であろうがなかろうが「観る」こと、「行く」ことに意味があるのです。不動産としての面積や権利関係はあらかじめ登記簿で確認できます。それなのに「行って」「観る」ことの意味は何でしょうか。それは次のようなことがわかるからです。

　　◇場所……経営者が住んでいる環境がわかる。
　　◇近隣の状況……同上。
　　◇建物の築年数と実際に目でみた耐用年数……評価額に関係する。
　　◇建物の造り・外観……派手か地味かで経営者の好みがわかる。

◇生活感を感じさせるもの……生活レベルがわかる。

　銀行員は興信所とは違いますから、近隣で取材するようなまねは行ってはいけません。しかし、なんとなく入ってくる近隣の風評は意外に実像に近いものがあるので、情報として貴重です。

　資産価値としての評価額については、金融機関によって計算・算出方法が異なるでしょう。多くの場合、公示価格や売買事例による時価を参考にしているのではないでしょうか。そこで資産価値を知る一つの方法として、固定資産税の納付を自行で行うことを勧めるとよいでしょう。固定資産税の納付時期は5月、7月、12月、2月です。固定資産税・都市計画税の納税通知書には土地・建物の課税標準額が記入されています。これは参考数値の一つになります。

　このように、中小企業貸出の場合、本社・工場のほかに経営者の自宅を観ておくことが大事です。

第 5 章

財務面の動態把握

第 1 節

事例紹介

1 事例 9

　A支店の貸出取引先に甲社があります。当行の貸出取引順位は下位でシェア（除く商手割引）は12％程度です。甲社から今般、増加運転資金として当行一行宛に2,000万円の借入申出がありました。

> **支店長**　松井君、甲社は本当に増加運転資金が発生するのか。
> **松　井**　稟議書に添付した資料のとおり、売上げが伸びるとの説明です。
> **支店長**　甲社はここ3年連続減収傾向なのだが、今期は月商ベースで500万円も売上げが伸びるというのか。本当かい。売上げが伸びる理由はどういう説明だった。
> **松　井**　説明といっても、社長が資料を持って来て、そういう数字になると説明していました……。
> **支店長**　松井君ね、何度もいっているが、まず先方の話を丸ごとうのみにしてはいけない。健全な懐疑心をもって、わからないことや不自然な点は質問して確認しなくてはいけない。もう一つは、数字の背景になる実態を聞くことが大事だ。数字がこう伸びるのはなぜかということを具体的に聞かないとダメだ。
> **松　井**　はい。

支店長　最近訪問したとき、売上げに関する会話はしていないのか。

松　井　売上げに関する話題は……。あまりしていません。

支店長　数字的な話はしていないにしても、新製品の評判や売行きがどうだとか、営業も経理も忙しそうだとか、商品配送のトラックがいままでより頻繁に来るようになったとか……、何か売上げが伸びているような雰囲気は感じていないのか。

松　井　いつもと雰囲気は変わらないですが……。むしろ経理は静かになったような気がします。

支店長　ちょっと不思議だと思わないか。

松　井　何がですか。

支店長　だって、経理が静かになったように感じて、売上げが伸びているような雰囲気も活気も感じていない。また、当行は下位付合い程度の貸出シェアなのに、なぜ当行一行に話が来たのか。なぜ主力銀行に行かなかったのか。普通、売上げが伸びて発生する増加運転資金を当行から借入依頼するなら、経理は君に愛想よく「頼みます」というだろうに。

松　井　そうですね。経理課長は私には何もいってくれません。突然、社長と経理部長が来店しての申出でした。

支店長　ますますおかしいぞ。

松　井　最近、主力のW銀行との関係がうまくないようなことを聞いていました。

支店長　なぜ。どういう理由で……。

松　井　詳しくはわかりませんが、社長はそんなことをチラッと漏らしていました。

支店長　チラッと漏らしていたじゃなくて、なぜもっと突っ込んで聞かなかったのか。大事なことだぞ。どれどれ、銀行取引一覧表をみせてくれないか……。おい、W銀行の貸出シェアはどんどん落ちているじゃないか。これはおかしいぞ。

松　井　社長と支店長の人間関係が原因じゃないですか。

支店長　何をピンボケなことをいっているんだ。そうじゃないだろう。いいか松井君、貸出シェアが落ちている理由だが、総借入額は増えていないのにＷ銀行の経常運転資金貸出の数字が減ってきている。もしＷ銀行が経常運転資金に約弁をつけたのだとしたら、Ｗ銀行は甲社の業績面で不安を感じ、危険な兆候を主力銀行は把握しているのかもしれない。

　　　　　松井君、いいか、大事なことだからしっかり聞いてほしい。主力銀行の貸出シェアが落ちてきている。それもＷ銀行の経常運転資金残高が減っているなか、増加運転資金を付合い程度の当行に借入申出をしてきている。また売上げが伸びるという具体的な説明がない。

松　井　まずいですか。

支店長　かなりまずいかも……。

松　井　どうしましょうか。

支店長　君だけに任せてはおけないな。これは直感だが、資金使途は増加運転資金ではないかもしれない。なんらかの事情で資金繰りが厳しくなって、増加運転資金という名目で資金調達を図ろうとしているのかもしれない。私も君と一緒に甲社へ行って、社長に会って話をしてみる。その前に、甲社所有の不動産の謄本をとって、Ｗ銀行が最近、担保設定をしていないかをみてくれ。

松　井　すぐにやります。

支店長　その確認をした後、甲社社長にアポを入れてくれ。

松　井　はい。

2　事 例 10

R社はアパレルの卸業です。A支店の貸出取引順位は下位でシェアは5％程度です。主力Y銀行のシェアは60％と圧倒的、R社の売上げの40％は大手百貨店が販売先です。最近5年間の決算数値は以下のとおりです。

	Ⅰ／3	Ⅱ／3	Ⅲ／3	Ⅳ／3	Ⅴ／3
売上高（百万円）	3,400	3,200	31,00	2,900	2,800
売掛金（百万円）	930	1,100	1,110	1,250	1,340
売上債権回転期間（月）	4.2	5.3	5.0	5.7	6.5

支店長　小西君、R社の経常単名の継続稟議だが、この決算書の数字はおかしくないか。

小　西　え。継続稟議だから、そんなに詳しくみていませんが……。

支店長　経常単名の継続稟議であっても、決算内容はしっかりとみてもらわないと困るな。1年ごとの継続ならば1年間の業績をチェックしてから継続の可否を判断するのが筋だろう。

小　西　そうですが……。

支店長　R社の売上げは4年連続で落ちている。それなのに売掛金が増えているのが不自然だ。また売上債権回転期間が2カ月も延びているのも不自然だ。

小　西　回収不能な不良債権は2,000万円くらいあることは聞いています。その程度ならば問題はないと思います。

支店長　売上げが伸びれば、受手や売掛金も伸びる。売上げが減少したら受手や売掛金は減る。そうだろう。売上げが落ちている傾向が続いているのに売掛金が増え、売上債権回転期間も大きくなっている。売上債権回転期間が6カ月を超えるのは異常だ。これは典型的な粉飾の兆候だ。小西君、R社にこの疑問点をぶつけて、答を聞いて来てください。

――小西君がR社を訪問した結果を報告しています――

小　西　社長がいうには、回収サイトの短い専門店や小売店の売上げが減少し、サイトの長い大手百貨店の売上げが増加したことによるのではないかという説明でした。

支店長　でも、国内の消費をみると、君も新聞を読んでいるなら知っているとおり、百貨店の売上げは３年連続して前年割れの状況なのに、R社の商品は百貨店ではそんなに売上げを伸ばしているのかな。全体の売上げが減っているなか、百貨店宛の売上げが増えているということは、小売店・専門店・スーパー宛の売上げは相当大きく落ち込んでいるということになる。そのような説明であるならば、小売店・専門店・スーパー・百貨店という、販売先別の売上推移の数字を教えてもらってください。

――小西君がR社を訪問した結果を報告しています――

小　西　経理部長に申し入れましたが、販売先別の数字はもらえませんでした。そのような販売先別の売上げの数字は主力のY銀行にも出していないからという説明でした。でも、いろいろと聞いてみると、やはりおかしいですね。

支店長　どのように感じたのだ。

小　西　売掛金が増加した理由について、経理部長は販売先の店舗の増加を理由にしていましたが、その説明はおかしいと思います。だって、社長は、百貨店宛の売上げが増えたといっていたんですよ。どっちにしても、売上増加の部分が同じ回転率の商品によるならば、売掛金の数字が伸びた理由にはなりますが、売上債権回転期間が長くなる理由にはなりません。

支店長　小西君のいうとおりだ。じゃぁ、取扱商品が安物から高級品に変わったということはないか。それならば理屈的に、売掛金も増え、売上債権回転期間が長くなる理由にはなるかも。

小　西　それはないと思います。僕もそういう質問をしました。経理部

> 長は商品の品揃えに変化はないといっていました。
>
> **支店長** わかった。これ以上の解明はむずかしいかもしれないな。うちは下位付合い先だからこの程度の実態がわかればよしとしよう。しかし、業績の低下は明らかだし、決算書も粉飾くさいので、これ以上突っ込んだ取引は回避しよう。格付を見直し、取引方針も現状維持方針から引当範囲内にすることを検討してください。
>
> **小　西** はい、もう少し調べて、取引方針の見直しも考えてみます。
>
> **支店長** それから、銀行取引一覧表をみたが、半年間も埋まっていないな。主力銀行の貸出残高の変化を見逃してはいけない。それに月商ヒアリングも欠かさないように、すぐにでも銀行取引一覧表を埋めてください。
>
> **小　西** はい、すぐにやります。

3　事例から学ぶこと

〈事例9〉、〈事例10〉とも、取引先が作成した資料や決算書の内容に疑問を感じ、疑問点を解明するための実態把握に動いています。

貸出業務において決算分析は大事な仕事です。しかし、いくら数値の分析をしても、数値がもつ意味や背景、理由・根拠などに踏み込み、納得的かつ論理的な説明ができなければ実態把握はできていないということです。

数値だけをみて、「増収増益」だからよい業績で「減収減益」は悪い業績というように、短絡的に結論づけてはいけません。

本章では、いわゆる財務分析・経営分析といわれる定量分析の手法は述べません。それらは他の書籍をご参照ください。ここでは、日頃の取引から業績の実態や決算書の数値の実態を把握するための方法について述べます。

本章で述べる内容は財務分析・経営分析の手法のように一般的な経験値との比較によって良否の判断をするのとは異なり、経験的・実践的なものとい

えます。もちろんそれは財務分析・経営分析とは別個に存在する手法ではありません。財務分析・経営分析と並行し、実体面からその数値の意味や背景を確認する作業ともいえます。

第 2 節

年商の実態把握

　中小企業において「売上げ」の数値は、経営の基本中の基本です。売上げがなければ利益は生まれません。売上げが利益の源泉です。利益の金額も、売上高営業利益率・売上高経常利益率というように売上げとの対比で実績の良否をみます。

　中小企業の決算書の財務分析を行うとき、その貸借対照表・損益計算書が正しく作成されたものであるという前提がなければ、財務分析の結果をふまえて議論する意味はありません。その意味から、財務分析を行うときの心構えとして「健全な懐疑心」をもって中身を検証することが大事であるといえます。その中心に位置するのが売上高、すなわち年商です。

　ここでは年商について、その実態を知るにはどのような注意点が必要かを述べます。

1　年商の変動要因

　年商の金額をみるときに注意すべき点は次の二つです。
　　① 売価の値上げ・値下げ
　　② 為替レートの変動
　(1)　**売価の値上げ・値下げ**
　たとえば、前々期の売上げが5億円、前期の売上げが6億円とします。これらを単純に比較すると、前期売上げは前年比1億円（20%）の増収となり

ます。

　しかし、この増収というのは表面上の数値の比較であって、実態をみると次のようなことがいえるかもしれません。

　前々期は製品1単位の売価は10万円でしたので、製品5,000個を売った売上高が5億円でした。前期は製品1単位の売価を12万円に値上げしたので、やはり製品5,000個を売った売上高が6億円になったのです。表面上の売上げは20％の増収ですが、販売された製品数は変わっていません。

　このように、年商の比較では、販売単価と販売数量との二つの要因に分解して実態を把握する必要があります。

(2)　**為替レートの変動**

　ここも事例で説明します。

　前々期の売上げが5億2,000万円、前期の売上げが4億9,000万円とします。これだけをみると前期売上げは前年比3,000万円（5.7％）の減収です。この減収というのも実は表面上の数字の比較であって、実態をみると次のようなことがわかります。

　前々期売上5億2,000万円の内訳は、国内向け売上げが3億円、海外向け売上げが200万ドルでした。前々期の為替相場は1ドル110円でしたので、海外向け売上げは2億2,000万円（200万ドル×110円）となり、内外合算の売上げが5億2,000万円でした。

　前期の売上げの実態も前々期の売上げの中身とまったく同じでした。すなわち、国内向け売上げが3億円、海外向け売上げが200万ドルでした。ところが、前期の為替相場は円高が1ドル95円まで進んだため、海外向け売上げは1億9,000万円（200万ドル×95円）になり、内外合算の売上げが4億9,000万円になったのでした。

　このように外貨建ての売上げがある場合、為替相場によって売上げは大きく影響を受けますので、実態把握を行う際には注意してください。

2　年商の増減分析

(1)　モデル説明

前項(1)をふまえ、年商を「数量要因」と「価格要因」とに分けて増減分析する方法を、ここでは単純化したモデル（1種類の製品を販売すると仮定）で説明します。

この会社の前々期の販売数量をQ、販売単価をPとします。そうすると、前々期の年商は「P×Q」で示されます。

そして、前期の販売数量の増加分を⊿Q、前期の販売単価の増加額を⊿Pとすると、前期年商は「(P＋⊿P)×(Q＋⊿Q)」となります。

売上増加額を「数量要因」と「価格要因」とに分けると、次のようになります。

◇販売数量が不変の場合

販売単価アップによる売上高増加額は「⊿P×Q」

◇販売単価が不変の場合

販売数量増加による売上高増加額は「P×⊿Q」

◇二つの要因が重なったことによる売上高増加額は「⊿P×⊿Q」

これを図表5のように示すとわかりやすいでしょう。

また、説明のなかの「⊿P×⊿Q」の部分、すなわち数量要因と価格要因

図表5　年商の増減要因

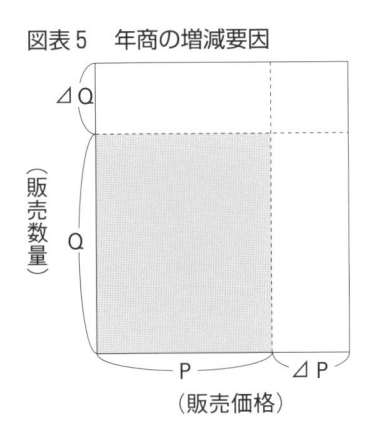

の二つの要因が重なったことによる年商増加額は、便宜的に販売単価アップによる売上増加として見なすこととします。

(2) 実際例による年商増減分析

実際例として、M社の前々期と前期の年商を、数量要因と価格要因の二つの要因に分けて以下の図と照らし合わせて考えましょう。

M社の前々期および前期の年商、そして販売数量と販売価格は次のとおりでした。

	前々期	前　期	増減比較
年　商	244,800千円	259,875千円	＋15,075千円
販売数量	288,000個	315,000個	＋27,000個
販売単価	850円	825円	▲25円

販売単価引下げによる年商減少額は以下のようになります。

　　▲25円×288,000個＝▲7,200千円

販売数量増加による年商増加額は以下のようになります。

　　850円×27,000個＝22,950千円……(i)

二つの要因が重なったことによる年商増加額は以下のようになります。

　　▲25円×27,000個＝▲675千円……(ii)

これを販売数量増加による年商増加額と見なすと、年商増加額1,507万5,000円は次のように分解されます。

① 販売単価引下要因によるもの　　▲7,200千円
② 販売数量増加要因によるもの　　22,275千円……(i)+(ii)
③ ①+②　　　　　　　　　　　　15,075千円

3　年商の推定方法

企業は、年度初めにその事業年度の経営目標を策定します。その目標数値には必ず売上高（＝年商）と利益の数字が入っているはずです。売上目標が

ない経営は考えられません。そこで以下に紹介する方法で、当該事業年度の年商を推定することもできます。

　結果として、損益計算書の売上高の数字と比較して推定値の精度が低かったにしても、年商を推定したことの意味はあります。なぜならば、損益計算書の売上高の数字を不自然に感じた場合、実態を把握するための議論の材料になるからです。

　年商の数値は貸出取引先であれば教えてくれるものです。したがって、以下に紹介する方法論は不要といわれるかもしれません。しかしなかには、月商ヒアリングに応じない会社や月次資金繰り表を出してくれない会社があります。あるいは、新規取引を画策しているターゲット先の法人から情報を得る場合に、話題の切り口として有効になります。

　また、貸出担当者として担当先の実態把握の方法を多様にもち、売上げの数値を推定することは、担当者として興味深いことのはずです。

　その方法のいくつかを以下に紹介します。

　① 売上目標対比の進捗率や、達成率[1]の見込みを聞く。

　　「今期の売上目標は5億円といっていましたが、半年が過ぎましたが売上げの目標対比の進捗率はどうですか」

　──「（期間進捗率50％に対し）まだ40％にも届かないよ」

　　「今期の売上目標は5億円といっていましたが、半年が過ぎましたが売上げの目標対比の達成率の見通しはどうですか」

　──「今期は、最悪でも95％はいく。うまくいけば105％くらいまでいくかもしれないよ」

　② 前年同期間対比の伸び率を聞く。

　　「（3月決算の会社で12月に聞く）今年も終わりますが、昨年の同期間（4〜12月）に比べて、売上げはどうですか」

　──「（前年同期間比）12月までなら102〜103％くらいじゃないかな。勝

1　進捗率……その時点での目標対比実績率
　　達成率……最終時点での目標対比実績率

負は年明けてからだ。1～3月で落ち込んだら、目標どころか前年並みで終わっちゃうよ」
③　壁に張り出されているグラフ2をみて聞く。

「（3月決算の会社で12月に聞く）あれは月間の目標と実績のグラフでしょう。4～8月は目標未達のようですが、9、10、11月と目標を達成していますね。すごく伸びていますね。この分だと12月も目標は行きそうですか」

——「そうね、12月は大丈夫ですよ」

「じゃあ、1～3月で頑張れば、4～8月の未達は取り戻せそうですか」

——「多分、いまの見通しでは大丈夫だと思うよ」

④　季節要因を話題にして聞く。

「御社は、12月のクリスマス商戦の売上げが年間売上げの30％を占めるとおっしゃっていましたが、この12月の売上げは前年実績（9,000万円）以上の1億円は売り上げたのではないですか」

——「1億円には届きませんでしたが、おかげさまで前年実績はなんとか超えることができました」

「9,500万円とすれば、30％で割り戻すと3億1,700万円くらいの売上げになりそうですか」

——「年商はそのくらいかな」

⑤　客数・客単価の変化を聞く。

「（前年実績は、1カ月平均客数1,000人、一人当り単価2万円）今年、客数は伸びているらしいですね。一人当りの客単価はどうですか」

——「そうですね、客数は前年に比べ10％伸びていますが、単価は1万8,000円程度に落ちていますね」

2　社長室や廊下や社員食堂などに、売上げの目標・実績をグラフにして掲示している会社があります。担当者はそれを見逃さず、興味深くみつめて、話のきっかけにするとよいと思います。グラフは、月次・営業所別・個人別・商品別などがあります。

⑥　売場一坪当り平均売上高を聞く。

「この店は広いですね。300坪くらいあるのですか」

――「いいえ、260坪くらいですよ」

「(中小企業庁『中小企業の財務指標』数値との比較) 業界平均値をみると、坪50万円の売上げが平均だと聞きましたが」

――「その数値は東京などの都会も含めた平均値だから50万円だが、この地方では40万円くらいが平均じゃないかな」

「御社も平均並みですか」

――「うちはおかげさまで坪平均43万円の売上げになっている」

⑦　従業員一人当り平均売上高を聞く。

「(中小企業庁『中小企業の財務指標』数値との比較) 中小企業庁が発表している経営指標をみると、同業者の一人当り売上高は2,000万円と出ていますが、御社はこの平均値に比べて相当よい数字だと聞いていますが……」

――「そうねえ。うちの一人当り売上高は、いつもその経営指標の数値の大体1.5倍くらいだよ」

このように年商を推定する方法はいくつかあります。どれも年商を確認する方法としては正確性に欠けることは否めません。しかし、上記方法で聞き出した情報や数字は必ず記録してください。それが後になってから役に立つことになります。

決算が終了し、損益計算書が出てきたとき、売上高をみます。予想していた数字とかけ離れているとき、推定方法のどこに間違いがあったか、それが取引先から聞いた内容によって間違っていた場合、取引先はなぜ誤った見通しや数字を教えたかを考えます。

もし、教えてもらった見通しがその時点では間違っていないのに、決算を締めた結果が思うところと異なる着地点であったのであれば、損益計算書に表された売上高の数字が本当に正しいものかを確認する必要があります。

どちらにしても、推定方法と推定結果を真の売上高を確認する際の切り口

としての話題にして使い、また追及する材料としても使えます。

4 年商推定から粉飾を見抜く

　年度途中や年度の終わりの時期に聞いた情報をもとに、その期の年商を予想した数字と実際に損益計算書で表された売上高との乖離の大きさや状況の不自然さを感じた場合、健全な懐疑心をもって真実の売上高を把握することはきわめて大事なことです。

　ここでは売上げに係る粉飾について、実態面からの観察について述べます。

(1) 架空売上げの計上

　月商ヒアリングによる決算直前月までの販売実績累計に決算月の販売予想値を加えた推定年商値に比べて、損益計算書に書かれている売上高がそれを大きく上回る場合、それは架空売上げを計上して売上高（年商）をふくらませている可能性が考えられます。

　あるいは、年度途中のヒアリング等で、目標売上げには未達であろうという見込みをいっていたにもかかわらず、蓋を開けてみたら目標売上げを楽々達成している場合もあります。これも架空売上げを計上している可能性があります。

　売上げとは、一般的には商品や製品の引渡しの時期をもって計上します（実現主義）が、架空売上げとは、実際に商品や製品の引渡しという商取引が行われていないにもかかわらず、売上げの数字だけをふくらませることをいいます。

　たとえば、実際の売上高は5億円であったとします。これに架空売上げとして1,000万円を上乗せし、売上高を5億1,000万円にします。このとき、売上高以外の数字、たとえば売上原価や一般管理費等の数字を不変とすれば、利益は架空売上げの1,000万円だけ水増しされ、増えることになります。

　ただし、1,000万円は架空であるため、実際には1,000万円に相当する債権

は存在しません。すなわち、この粉飾を解消しない限り、資金化できない売上債権がいつまでも貸借対照表上に残るということになります。

具体的には、あたかも商品や製品を販売先へ引き渡しているようにみせかけて、実は引き渡しているのではなく、預かってもらっていただけという方法があります。もっとひどいのは、商品や製品の引渡しというみせかけさえ行わず、伝票だけで操作する場合もあるようです。

この架空売上げの計上は、実態赤字を黒字にみせるため、あるいはしかるべき水準の利益金額を計上するため等々のケースに行われることがあります。

取引先に真の売上高の数字を確認する方法として、前項に掲げたいくつかの推定方法を持ち出し、「あの時（社長は）こういっていましたよね」とか、「（経理部長は）こういう見込みになるという説明をしてくれましたよね」という証拠となる材料を取引先へぶつけ、損益計算書の売上高が思った以上に大きくなっている理由は何かをたずねることから実態を解明するようにしてください。

(2) 売上げの先食い・先送り

上記(1)と同様に、損益計算書に書かれている売上高が年度途中に推定した金額を大きく上回る場合、架空売上げではない売上高を計上していることも考えられます。それは、架空売上げとは違い、実際に商取引の裏付がある売上げを上乗せして、本来の売上げより大きくみせる方法です。

これは翌期の売上げを当期の売上げとして先食いして計上する方法と前期の売上げのうち当期に先送りした売上げを計上する方法との二つがあります。

具体的に説明します。決算のための会計期間が4月1日から翌年3月31日までの会社があります。

① 先食いのケース

X1年4月1日〜X2年3月31日の本当の売上高は4億円でした。
4億円の売上高では前年比2,000万円の減収になるため、X2年4月

1日以後の取引に伴う売上げ3,000万円を先食いする形で、それを当期（X2／3月期）売上げの4億円に上乗せ計上します。その結果、売上高は4億3,000万円となり、表面上は前年比1,000万円の増収となります。

② 先送りのケース

　Y1年4月1日～Y2年3月31日の売上高は予想以上の実績であり、5億円が見込まれました。一方、次のY2年4月1日～Y3年3月31日の売上高の予想は、景気の悪化によりせいぜい4億円が精一杯という見方でした。そこで、Y1年4月1日～Y2年3月31日までの売上高5億円のうち5,000万円を翌Y2年4月1日～Y3年3月31日の期の売上げに先送りして、Y1年4月1日～Y2年3月31日の売上高は4億5,000万円に抑えました[3]。

　そして、Y2年4月1日～Y3年3月31日の売上高が予想どおり4億円であったので、それに前期から先送りされた5,000万円を上乗せして4億5,000万円にしました。

このように、上記のように、売上高を先食いするケースも先送りするケースも、売上げが本来帰属するべき会計期間から外す形で粉飾する方法です。これも前記(1)の架空売上げで述べたと同じく、他の条件が一定であると仮定すれば、売上げの増加金額だけ利益金額も過大に表示されることになります。

　一方、5,000万円の売上げを先送りした期は、逆に利益の過小表示をすることで税金を少なく納める租税回避行為、要は脱税と見なされます。

5　年商に対する経営者の意識

どこの会社も売上高を増やすことに懸命になります。売上げを伸ばすこと

---

[3] これは租税回避行為に当たります。

は企業の最重要課題です。利益の根源も売上げからですから、経営者は売上高を増やすことに力を入れます。

右肩上がりの経済成長期であるならば、売上げの増加は確かに利益の増加をもたらしました。しかし、この10年間を振り返ったとき、デフレ経済の状況では売上げを伸ばすことは大変です。

そこで経営者は、売上げの増加を目指すのではなく、会社の存続に必要な適正利益を確保することを第一に考えるようになってきました。適正な利益を確保する手段は、売上増加以外にも仕入原価の低減、販売管理費の削減、製造部門の原価低減等々の方法があります。売上げの増加はその一つであるという認識です。

ところが、いまだに「売上高の増加＝利益の増加」という考え方から脱却できずにいる経営者がいて、それを旗印に掲げている会社があります。いわゆる「売上至上主義」という発想です。

極端な売上至上主義の会社は売上げが唯一の目標ですから、売上げさえ伸びればよいと、ノルマを達成すれば、売り方も売る相手も問いません。そして、売上目標を達成させるためのインセンティブとして賞与を大きく出すような実績評価制度をとる会社も少なくありません。そのような会社では、販売した会社が倒産して資金の回収ができなくてもかまわないという考え方です。したがって、販売先に対する与信管理を行うという意識はありません。

このような事実は現在でも多くの企業で存在します。このことは銀行自らも反省しなければいけません。銀行も、資金使途を問わずに貸す、倒産の危険がある会社に貸す、必要金額以上に大きな金額を貸す、不要不急な資産の購入を勧めて購入資金を貸す等々の行為は、上記売上至上主義の会社が行っていることと同じであると知り、反省すべきです。

売上至上主義の会社でないにしても、経営者にとっては売上げを伸ばすことは経営の重要事であることに変わりません。売上げを経営の唯一目標（目的）にするのではなく、適正利益を確保するという企業目的を果たすための手段として売上げを位置づけするにしても、手段である売上げの目標値は達

成しなければいけないからです。

> **寄り道** 売上至上主義
>
> 　ビジネスでは売上至上主義とか利益至上主義という言葉が使われます。ビジネス以外では恋愛至上主義、視聴率至上主義というように使われることがあります。何が何でも、そこに最高のロマンをもつということでしょうか。
>
> 　経済学は、人間は価格が高い商品より安い商品を買うという人間モデルで規範的な理論を構築しました。しかし、実際は、少々高い商品でも質的に満足するほうを買うという行動もあります。
>
> 　あらゆる行動目標に唯一絶対的な価値尺度を設けてがむしゃらに走るということは、いまの時代に合う考え方とは思えません。環境要因や商品競争力というファクターとは関係なく、「至上命令」で「売上げを達成しろ」という経営者はまだいるのです。
>
> 　同じ「しじょう」でも、そういう経営者には「市場」の意味を知り、「至情」「詩情」という「私情」をもってもらいたいものです。

第 3 節

月商の実態把握

前節では年商の実態把握について述べました。本節では月商の実態把握について述べます。

1 「月商」「平均月商」の意味と違い

「月商」とは毎月々の売上金額です。月商は「年商÷12」ではありません。この計算によって算出される数値は「平均月商」と呼ぶのが正しいでしょう。

月商とは毎月々にヒアリングして得られる月間の売上金額です。平均月商は、損益計算書ができあがってきてから「売上げ（年商）÷12」の計算によって算出された金額です。

月商はタイムリーな生の売上げですが、平均月商は決算終了後に計算によって算出された数値です。

月商と平均月商との違いはそれだけではありません。それ以上に重要なことは、貸出取引先の経営実態をタイムリーに識るには、平均月商ではなく月商から識ることができるという点です。

このことを以下の事例4をもって説明します（金額単位：百万円）。

2004年、2005年の年商は4億円で同じです。つまり、2004年、2005年の平

---

4 拙著『事例に学ぶ貸出判断の勘所』161～163頁（金融財政事情研究会）参照。

	04年	05年	06年	07年
1月	30	25	20	18
2月	30	25	20	18
3月	50	60	50	40
4月	30	25	20	
5月	30	25	20	
6月	30	40	40	
7月	30	25	20	
8月	30	25	20	
9月	50	60	50	
10月	30	25	20	
11月	30	25	20	
12月	30	40	40	
合計	400	400	340	

均月商は3,333万円（4億円÷12）になり、同じです。2004年、2005年の毎月々の月商を比べましょう。2005年の月々の月商を前年同月ベースで比べますと、通常月（1、2、4、5、7、8、10、11の各月）の月商は、2004年が3,000万円であるのに対し、2005年は2,500万円であるため、前年同月比▲500万円（前年同月比▲16.7%）に落ちていることがわかります。2005年は、その通常月の売上げの落込みを四半期末月の節月（3、6、9、12の各月）の売上増加でカバーすることで、年商は2004年と同額の売上高が確保できていることがわかります。

　2005年の四半期末月の節月（3、6、9、12の各月）の売上げが前年同月比それぞれ1,000万円増えている理由は、新たな営業施策が功を奏した結果なのか、それとも無理な販売活動（押込販売、特別セール等）を行ったからなのか、数字だけではその実態はみえてきません。年商だけの比較では、2005年実績は「前年並みの売上げ」という一言で終わってしまいます。

　ここで大事なことは、毎月月商をヒアリングしていれば、2005年の通常月

の売上げはいつも前年比▲500万円であることから、業績が悪化しているのではないかと気がつくことです。

　年商は損益計算書ができてこないとわかりません。12月決算のこの会社は、2006年3月に2005年の損益計算書が出てきます。そこで、2005年の売上げは2004年比同額だから業績面で懸念はないとすませてしまうと、2005年からこの会社の業績が悪化し始めている兆候を見逃すことになってしまいます。

　2006年の通常月の月商はさらに落ち込んでいます。2006年は、四半期末月の節月の売上げで通常月の売上減をカバーできずに、年商は3億4,000万円になりました。2005年比▲6,000万円（▲15％）です。この事実がわかるのは、2007年3月に出る2006年の損益計算書をみてからになります。

　ここで初めて年商ベースで業績悪化に気づきます。しかし、実際に業績悪化の傾向が出ていたのは2005年の通常月の前年同月比の月商ベースの売上減からです。このように、月商を毎月把握していれば、損益計算書ができあがってから年商の数字をみる者より1年半も前に業績悪化に気がつくことができたはずです。

　このように、毎月取引先から月商をヒアリングして聞くことは、営業の実態をタイムリーに把握でき、業績の変化に早めに気づく有効な手段であることがわかっていただけると思います。

　毎月の月商を把握することを貸出担当者として習慣化することで、仕事が楽になるのではないでしょうか。その方法は二つあります。一つは、毎月々の銀行別・借入金使途別残高をヒアリングする際に、前月の月商の数値も同時に聞くようにすることです。もう一つは、毎月、月次資金繰り表を徴することです。どちらも担当者が貸出業務の一環として日常的に行うと同時に、取引先にもその数字の提出を義務的に習慣づけすると便利でしょう。これは取引先の経理部の人に事務レベルの作業としてお願いすれば足りるもので、金額単位も百万円という精度でよいと思います。

2　平均月商と回転期間

　前項では、取引先の経営実態を識るには毎月の月商をタイムリーに把握することが有効であると述べました。それでは「平均月商」の数字には意味がないのでしょうか。

　そんなことはありません。平均月商も経営の実態把握に重要な役割を果たしています。それは財務分析のときに必ず使う「回転期間」を算出する分母として使われます。「回転」とは、現在あるものが新たなものと入れ替わることの意味です。

　回転期間は、資産の勘定残高を平均月商と対比することによって、その資産の回転に要する期間、すなわち月商の何カ月分に相当するかをみるものです。回転期間の単位は通常は「月」を使用します。回転期間の算出方法は、一般的には「各勘定科目在高÷平均月商」で表されます。

　主なものとして次の回転期間がよく使われます。

　　◇売上債権回転期間、受取手形回転期間、売掛金回転期間
　　◇棚卸資産回転期間、製品回転期間、原材料回転期間
　　◇支払債務回転期間、支払手形回転期間、買掛金回転期間

　それぞれの回転期間が適正な水準であるかは、業界業種によって慣習的な条件が異なるので、同業界の平均値や同業他社の数値と比較することで数値の良否を判断することになります。その業界平均値をみるには、『TKC経営指標』(TKC編)や『中小企業の財務指標』(中小企業庁編)を参考にすることができます。

　また、過去5年間の回転期間の数値を時系列的に比較することで回転期間の数値が大きくぶれているようでしたら、決算内容に粉飾がないかと疑い、決算内容の精査が必要になります。

　回転期間を算出するには、決算が確定し、貸借対照表と損益計算書ができあがってこないと、平均月商も各勘定科目在高の数値もわかりません。一般的には回転期間分析は決算書を入手した後に行います。

ここでは、1年に1回の決算を待ってから行う回転期間分析とは別に、日常取引のなかで回転期間の実態把握を行うことができれば、業績の変化も早めに察知することができるという考え、主な回転期間の数字が意味するところを学び、期中における実態把握の方法について考えます。

(1) 売上債権回転期間

　売上債権回転期間は「売上債権÷平均月商」で算出します。「売上債権」は売掛金・受取手形・割引手形・譲渡手形の合計金額とします。割引手形と譲渡手形は貸借対照表の欄外に別記されていますが、これを加えて計算します。

　この回転期間が示す意味は、算式のとおり、売上債権は平均月商の何カ月分があるかということですが、さらに次のような意味もあります。

　たとえば、売上債権回転期間が3カ月であるという場合、以下のようにも読めるのです。

　① 平均月商の3カ月分（3倍）に相当する売上債権がある。
　② 売上債権の回収には少なくとも3カ月かかる。
　③ 平均月商の3カ月分に相当する資金の立替がある。

　その売上債権回転期間が適正な水準であるかは、同じ業界業種による平均値あるいは同業他社の数値と比較することで、良否を判断することになります。

　売上債権回転期間が同業界平均値に比べて1カ月以上の差がある場合、その理由を明らかにしておく必要があります。なぜならば、売上債権回転期間が長いということは、資金負担が大きいということだけでなく、経営上も問題点を抱えている可能性が大きいといえるからです。

　本章第1節の〈事例10〉で、売上債権回転期間が2カ月延びた事例を掲げました。この事例の売上債権回転期間の問題点は二つあります。一つは売上債権回転期間が2カ月も延びたこと、もう一つは売上債権回転期間が6カ月を超えたことです。それでは、それがなぜ問題になるのでしょうか。

　売上債権回転期間が長くなるということは、売上高のうち売掛金と受取手

形という信用で売っている金額が大きく、かつその信用で売っている期間（＝回収期間）が長くなったという状態を表しています。その背景として次のような事情が考えられます。

① 販売先の業績が悪く、回収が思うように進まない。
② 販売先の力が強く、回収条件の長期化を強いられている。
③ 無理な押込販売を行ったため、回収を延ばしている。
④ 不良債権が発生した。
⑤ 架空売上げの計上（粉飾）がある。
⑥ 融通手形の収受がある。
⑦ 販売商品の構成が変わり、回収サイトの長い商品が多くなった。

これらの理由をみてわかるように、売上債権回転期間が長くなるという現象は、概して企業の営業体質が弱体化してきていることの兆候ともいえます。売上債権回転期間の数字は小さいほうが望ましいといえます。

また、事例では売上債権が6.5カ月になっています。一般的に売上債権回転期間が6カ月を超えることは異常です。

逆に、売上債権回転期間が短縮化されている場合、どのようなことが考えられるでしょうか。

① 回収が促進される。
② 回収条件が改善される。

上記のようなよい面も考えられます。しかし、以下のような事態も考えられます。

③ 自社資金繰りが厳しいため、無理な回収を行っている。
④ 自社資金繰りが厳しいため、赤字覚悟の現金販売を行っている。

なお、売上債権回転期間の数値は、業界業種と会社規模によって平均値が大きく異なります（＝差が開く）ので、統計資料に基づいて比較検討するようにしてください。

売上債権回転期間の算出式は次のようにも分解できますので、それぞれに受取手形回転期間、売掛金回転期間に分けて検討することもできます。

$$\frac{売上債権}{平均月商} = \frac{受取手形}{平均月商} + \frac{売掛金}{平均月商}$$
（売上債権回転期間）　（受取手形回転期間）　（売掛金回転期間）

　次に、期中に売上債権回転期間の数字を把握するにはどうしたらよいでしょうか。二つの方法が考えられます。一つは取引先に聞くことです。もう一つは、試算表の勘定科目在高を分子にして、前月までの累計売上高から平均月商を算出して計算する方法です。

　第一の取引先からヒアリングする方法は、四半期決算あるいは半期決算という節目に聞くとよいと思います。前期の実績値を把握したうえで、現時点における売上債権回転期間の数値を聞き、比較します。

　たとえば、取引先の前期決算時における売上債権回転期間は2.2カ月であったと仮定します。そのうえで、取引先訪問時に「半期の決算を終え、売上債権の回転期間はいまどのくらいですか」と経理部長に聞くのがよいでしょう。

　「前期と変わらないと思いますよ」という返事であれば、特に問題はありません。問題視するのは、「3カ月を超えたかもしれません」というように、前期実績に比べて1カ月近く、もしくは1カ月以上も延びている場合は、その理由を明らかにしておくことが重要です。

　売上債権回転期間の数字を把握していない場合でも「前期より長くなったと思う」という趣旨の発言に接したら、その理由を質問して実態を正確に把握することが大事です。どちらも前述のとおり、売上債権回転期間が延びることは経営上好ましくない問題が発生している可能性が大きいからです。

　ヒアリングしても答えてもらえない場合は、試算表を徴し、勘定科目在高を分子にして、前月までの累計売上高から平均月商を算出して計算する方法を試みてください。この結果、売上債権回転期間が大きく延びているようでしたら、上述のように理由をたずねて、実態を正確に把握することが大事です。

(2) 棚卸資産回転期間

棚卸資産回転期間は、「棚卸資産÷平均月商」で算出します。「棚卸資産」は、製品・半製品・仕掛品・原材料・貯蔵品の合計金額とします。

棚卸資産回転期間は製品、仕掛品、原材料などの棚卸資産の平均的な在庫期間を示します。

売上債権は金銭ですが、棚卸資産(在庫)は形があるモノです。したがって、在庫はモノそのものの品質が変質したり、陳腐化したり、あるいは流行遅れで商品価値がなくなったりと、消耗や目減り等のリスクも抱えています。そのような特性をもっているため、棚卸資産の回転期間が長くなる(=在庫を多く抱えている)と次のような影響が出てきます。

① 資金が固定化して資金繰りが苦しくなり、その結果、借入金が増える。

② 製品の品質低下、陳腐化等により資産価値が減る。

棚卸資産回転期間が適正な水準であるかは、売上債権回転期間と同じく、業界業種・企業規模によって平均値には大きな違いがあります。

特に製造業の場合は業種によって、製品・仕掛品・原材料のどの段階で在庫としてもつことが適正であるかが異なります。

具体的には以下のとおりです。

◇製品で在庫をもつ業種……繊維、ガラス

◇仕掛品で在庫をもつ業種……造船、機械、建設

◇原材料で在庫をもつ業種……鉄鋼、非鉄金属、ビール、食用油

よって、棚卸資産回転期間も、製品・仕掛品・原材料のそれぞれの回転期間に分解して算出し、分析を行うとよいと思います。

$$\underset{\text{(棚卸資産回転期間)}}{\frac{棚卸資産}{平均月商}} = \underset{\text{(製品回転期間)}}{\frac{製品}{平均月商}} + \underset{\text{(仕掛品回転期間)}}{\frac{仕掛品}{平均月商}} + \underset{\text{(原材料回転期間)}}{\frac{原材料}{平均月商}}$$

棚卸資産回転期間が業界平均値より長い場合は、背景として次のような事情が考えられます。

① 製造工程において、ムリ・ムダ・ムラがある。
　機械稼働率、納期遅延率、生産不良品率、工程管理の効率化等に改善の余地がある。
② 商品・製品に、売残りや死蔵品（デッドストック）が発生した。
③ 売価上昇等を見込み、投機的な積増しをしている。
④ 仕入先との力関係において、押込販売を余儀なくされている。
⑤ 在庫管理ができていない。
⑥ 粉飾決算のために水増ししている。

　いずれの事情も経営上は好ましいものではありませんので、棚卸資産回転期間が長期化しているときは十分な注意が必要です。
　次に、棚卸資産回転期間の数字を期中に把握するにはどうしたらよいでしょうか。これにも二つの方法が考えられます。売上債権回転期間のときと同じく、一つは取引先に聞くことです。もう一つは試算表の勘定科目在高を分子にして、前月までの累計売上高から平均月商を算出して計算する方法です。
　在庫は「たかが在庫、されど在庫」といわれるように、その評価はむずかしい面があります。銀行員は数字の比較で判断します。銀行員が在庫を実際にみても、多すぎないか、古いものではないかという程度しか質問できません。棚卸資産回転期間の数字が大きいと感じて質問しても、「これがいまの適正在庫だ」「売れ筋商品の在庫を意識的に多くしているのであって問題はない」「品切れを起こすと顧客に逃げられる」といわれると反論する材料をもっていません。
　また、在庫は粉飾決算によく使われる勘定でもあります。そこで、第4節5で在庫の実態把握の方法について述べます。

寄り道　在庫積上げの借入れ

10年以上も前の話です。
パチンコ屋に景品を納入している業者がいました。ある時、5億円の借入

申出(期間6カ月の信用・期限一括返済)がありました。資金使途は「煙草購入資金」です。数カ月後に煙草の値上げが決まっていることから、値上げ前に買い入れ(=在庫)で置き、値上げ後にパチンコ屋へ納め、利益を得るというもくろみです。このケースでは、煙草は必ずパチンコ屋に売れるので、利益は確実です。

ところが、「これは売れる」という思惑が外れた場合、在庫にした商品は売れず、借入返済がむずかしくなるケースもあります。

メーカーは、「つくったモノを売る」という考え方から「売れるモノをつくる」という消費者本位の発想に切り替えなければいけません。卸・小売業も、消費者ニーズをふまえずに、思惑だけで仕入れた商品が在庫として滞ることのないように、仕入れと売り方を考えなければいけません。

在庫が経営に与える影響は、銀行員が数値だけで想像している以上に、経営者にとって重たいものなのです。

(3) 支払債務回転期間

支払債務回転期間は「支払債務÷平均月商」で算出します。「支払債務」は支払手形と買掛金の合計金額とします。

支払債務回転期間は材料や商品を仕入れてから現金決済されるまでの期間を表します。

支払債務回転期間が適正な水準であるかは、売上債権回転期間や棚卸資産回転期間と同様、同じ業界業種による平均値、あるいは同業他社の数値と比較することで判断することになります。そして比較した結果、異常を感じた場合、その原因がどこにあるかの検討は必要です。

支払債務の金額は売上債権の金額より少ないのが正常な姿です。支払債務回転期間が売上債権回転期間より長いのは異常ですから、その原因追求は必須です。

上記算式において、分子である支払債務(支払手形+買掛金)の数字が大きいと回転期間は長くなります。回転期間が延びるということは、実際の支払まで時間的余裕があるので、資金繰り上は楽になるということです。その半面、支払能力が低下しているということも考えられます。なぜなら、資金繰りが厳しいので、仕入先に無理をいって、支払サイトを長くしてもらって

いる状況も考えられるからです。

　逆に、支払債務回転期間が短いということは、資金繰りはきつくなるばかりか、次のような側面も考えられます。それは、自社の信用力が低下しているため、仕入先から支払手形や買掛金のサイトを短くさせられたということです。

　支払債務回転期間の算出式は次のようにも分解できますので、それぞれ支払手形回転期間、買掛金回転期間に分けて検討することもできます。

$$\frac{支払債務}{平均月商} = \frac{支払手形}{平均月商} + \frac{買掛金}{平均月商}$$
（支払債務回転期間）　（支払手形回転期間）　（買掛金回転期間）

　上述したように支払債務回転期間の数字は両面からの評価が可能ですので、実体面からの評価が重要になってきます。

　支払債務回転期間の数字を期中に把握するにも二つの方法が考えられます。売上債権回転期間や棚卸資産回転期間と同じく、一つは取引先に聞くことです。もう一つは、試算表の勘定科目在高を分子にして、前月までの累計売上高から平均月商を算出して計算する方法です。

　取引先からヒアリングする方法は、売上債権回転期間の場合と同じく、四半期決算あるいは半期決算という節目に聞くとよいでしょう。前期の実績値を把握したうえで、現時点における支払債務回転期間の数値を聞き、比較します。

　たとえば取引先の前期決算時における支払債務回転期間が2.0カ月であったとします。そのうえで、取引先訪問時に「半期の決算を終え、支払債務の回転期間はいまどのくらいですか」と聞くのがよいでしょう。

　支払債務の問題は自社の信用状態に関係することもあり、その期間（サイト）が長くなった事実は正直に話してもらえるかどうかはわかりません。

　「前期と変わらないと思いますよ」という返事であれば、特に問題はありませんが、問題視するのは、その答をあいまいにしたり、濁らせたりした場合です。こうした場合は疑わざるをえません。前期の支払債務回転期間より

大きく延びた場合も短くなった場合も、その理由は明らかにしておくことが重要です。

　前述のとおり、支払債務回転期間が大きく延びたり短くなったりすることは、経営上好ましくない問題が発生している可能性が大きいからです。

第 4 節

貸借対照表の主要勘定科目の実態把握

　第1章第4節1（財務面の評価）で次のように書きました。
　「財務分析の結果は決算日時点の企業の健康状態を示す一つの尺度であることに間違いはありませんが、企業の一面を一時点でとらえた過去の数字にすぎません。財務分析の結果の数字を有機的に結びつけて、明快な結論を導き出しても、これだけで企業の評価を完結できません。財務分析は貸借対照表・損益計算書に示された過去の実績の数値に基づきますが、重要なのは、そこに表されている数値は経営活動の結果が表れていると考える必要があることです。貸借対照表・損益計算書に表されたその数値は、あくまでもその背景となった経営活動の結果です」
　本章第2節および第3節では、年商と月商の動態把握について述べました。これも、売上高の数値は、損益計算書ができあがってから知ることではなく、日常的に売上動向を知る努力をすることで、業績の変化がタイムリーに読み取れるという観点から書いたものです。
　同様に、貸借対照表に記載されている勘定科目も、貸借対照表ができあがってきてからみる数字としてだけではなく、日頃の取引関係のなかで関心をもってその動き方をみておくことが必要です。なぜならば、日頃の経営活動の結果が貸借対照表の数字として表されるからです。
　特に流動資産における勘定科目は、経営活動の結果が大きく表れるとともに粉飾決算の際に利用されることが多いことも事実です。そこで本節では貸借対照表の流動資産における主要勘定科目について、どのようなその動き方

について関心をもってみればよいかを考えます。そのポイントとなることは、資産内容に健全性と資金繰りへの影響の2点です。

1　預　　金

　貸出業務担当者で預金業務について関心を示さない人がいます。貸出業務は預金業務とは関係ないと思っている人が多いようですが、それは大きな間違いです。貸出実行伝票による入金と、返済小切手等による返済のとき、あるいは定期預金を作成してもらうときだけが預金係とのかかわりであると思っている人がいたら認識を改めるべきです。

　欲をいえば、貸出担当者は預金実務はもとより預金法務についても精通しておくべきです。それは、貸出先が倒産した場合の処理で必要になってきます。まず、日常的には取引先の預金動向の何について関心をもったらよいでしょうか。

(1) 残　　高

　貸借対照表に記載されている現預金残高の明細について勘定科目内訳明細書をみると、預金科目別・銀行別に期末残高がわかります。そこから、貸出取引がある銀行別の定期性預金残高をみてください。貸出金残高と定期性預金残高の比率にアンバランスさを感ずることがないかが一つ目のチェックポイントです。主力銀行と下位付合いの銀行とでは差があることは仕方ないにしても、あまりに主力銀行偏重である場合は交渉の余地があると思います。

　このことは取引振りとか取引メリットという観点からの話ですが、大事なことは、そもそも預金残高が多すぎないか、少なすぎないかという観点でみてください。

　預金残高が多すぎるということは、資金が効率的に運用できていないという評価でもあります。預金をたくさんもっていることはよいことだというのは誤解です。預金に存置せずに事業投資や運用投資に資金を使う、あるいは借入金の返済に充当することで、会社にとってよりよい使い方があるかもし

れません。

　逆に、預金残高が少なすぎると、支払に支障をきたすことになります。適正な手元資金はどのくらいの残高がよいかは把握しておくとよいと思います。

　預金残高に関しては、流動性預金と長期的に運用する固定性預金という考え方に分けて考え、取引先の年間資金計画における資金調達とのバランスのなかで妥当性を考えることが重要です。

(2) 入出金の動き

　一番気をつけるべきは定期性預金の取崩しがある場合です。他行の定期性預金が崩されたどうかは、勘定科目内訳明細書をみなければ確認できません。期中にはわかりにくいでしょう。

　定期性預金が取り崩される場合の多くは、資金繰りが厳しくなり、銀行からの借入れがままならないときに行われます。自行の定期性預金が、貸出担当者が知らぬ間に崩されてしまうケースがあります。業績が悪化した取引先の場合は、債権保全上の管理面からも、定期性預金の解約申出が預金係に直接来た場合は貸出担当者に必ず連絡がいくような連携が不可欠です。

　次に大事なことは、取引先の当座勘定の動きをみることです。貸出担当者は、取引先の当座預金の動きに関心をもってみなくてはいけません。当座預金の動きで異常を感じ取れるポイントは次のとおりです。

　① 支手決済日に、決済に使われるために第三者からの振込がある。
　② 支手決済日に、決済に使われるための現金入金がある。
　③ 支手決済日または支払日以外の日に、大きな金額の入金や他行宛振込がある。

　通常の場合、自行の当座預金の使われ方は取引先が決めています。したがって、毎月の当座預金の動き方は大体同じパターンになっています。支手決済日と入金予定日とは決まっています。

　問題は、決まったパターン以外の動きがある場合、その内容を確認することです。具体的には、大きな金額の振込入金や、大きな金額の支払があった

場合、必要に応じてその相手先の名前や金額、内容を確認しておくとよいと思います。特に、本来業務と関係がないようなところからの振込や支払は確認しておいたほうがよいと思います。

それは融通手形による資金の移動である場合も考えられます。その場合は、商取引の裏付の有無を確認します。また、支手決済も、当座預金係に回ってきた手形の現物をみて、本業に関する取引先であるかを時折チェックすることも大事です。

2 受取手形

受取手形は、取立てか割引で持ち込まれない限り、受取手形の現物から期中の動態的チェックを行うことはむずかしいでしょう。

ただし、前節で述べた「受取手形回転期間」の実態を把握することで、受取手形のサイトの変化から回収条件の悪化や不良債権の発生などが推測されます。

静態的には、勘定科目内訳明細書の受取手形の内訳書に書かれている明細をチェックするとよいでしょう。一取引先からの受取総額が100万円以上ある場合、受取手形はそれぞれ各別に記入されています。

同内訳書をチェックするときのポイントは三つあります。

一つは、受取手形に記載されている支払日を過ぎているのに資金化されていないために、期日経過後である受取手形がいまだに同内訳書に載っている場合です。それは不良債権になる疑いがある、あるいはすでに不良債権になっている受取手形といえます。

すでに回収不能になっている不渡手形を受取手形として長期にわたって同内訳書に載せたまま放置している場合は、貸倒損失などの損金処理をしない粉飾と見なされます。

二つ目は、同じ販売先からの受取手形ですが、前年の同内訳書に比べてサイトが長くなっている場合です。同内訳書には、振出人の次の欄にその手形

の振出年月日と支払期日が書かれています。そのサイトが前年の内訳書のときのサイトと比較して長くなっていないか、たとえば2カ月であったのが3カ月になっていないかをチェックするということです。

この受取手形を振り出している販売先は、業況が厳しく資金繰りも苦しいことからサイトの延長を図ったものと想像されます。その販売先宛の売上げが売上高全体に占める割合が大きい場合は、受け取った側の資金繰りに影響（増加運転資金）が出てくるとともに、万一の場合、連鎖倒産にならないとも限りません。十分な注意が必要です。

三つ目は融通手形のチェックです。同内訳書の下の欄外に注書きがあり、その2に次のように書かれています。「融通手形については、各別に記入し摘要欄にその旨を記入してください」。しかし「これは融通手形です」と摘要欄に「正直に」書いてある内訳書はみたことがありません。

融通手形の特徴・見分け方は、第6章第3節で詳しく述べます。

3　売　掛　金

売掛金とは商取引に基づいて発生した営業上の未収入金のことです。日常的に繰り返される売掛金の回収・未回収等の状況を期中に動態的チェックすることはむずかしいでしょう。

ただし、前節で述べたように売掛金回転期間の実態を把握することで、売掛サイトの変化から回収条件の悪化や不良債権の発生などが推測されます。

売掛金の内訳書には期末現在の残高が取引先ごとに記入されていますが、支払日（入金日）は書かれていません。したがって、期日が経過しているにもかかわらず入金がない売掛金について即座に見分けることはできません。

そこで、前期の同内訳書と見比べます。同じ取引先名で同じ金額の売掛金が載っている場合は、少なくとも1年以上の売掛金として残っているものと推定できます。それは、不良債権の疑いがある、あるいはすでに不良債権になっている売掛金かもしれませんので、内容の確認を行う必要があります。

すでに回収不能になっている売掛金を焦付き債権として処理せずに、長期にわたって同内訳書に載せたまま放置している場合、貸倒損失などの損金処理をしない粉飾と見なされます。

　また、売掛金は売上げの架空計上の方法としてよく使われます。その方法は、商取引の実態がないのに売掛金として計上する、商品を納入していないのに売掛金として計上する、そして買戻し条件付きの押込販売を売掛金として計上する方法があります。いずれも売上高を大きくみせるための粉飾ですから、十分な注意が必要です。

　そのような架空計上の売掛金の有無を知る方法として、売掛金回転期間の実態の把握がきっかけになります。前々期、前期からの売掛金内訳明細書を並べます。同じ取引先であるが、ある時から売掛金残高が大きくふくらんでいる場合、いままでは売掛先として名前がなかった取引先名が新たに出てきた場合は、その内容を確認する必要があります。もちろん、前者の場合は商取引で売上げが伸び、後者の場合は新規販売先として取引ができたということによるものが普通ですが、そうでない場合もあるので、注意深く実態把握を行うことが大事です。

4　有価証券

　有価証券について、多くの場合は「固定資産」のうち「投資有価証券」として記載されますが、「流動資産」に「有価証券」が記載されているケースを時々みかけます。

　流動資産に計上される有価証券は売買目的のもの、あるいは期日が1年以内に到来する債券などが記載されます。

　「中小企業の会計に関する指針」[5]の「19．有価証券の分類と会計処理の概要」によれば、中小企業における売買目的の有価証券は「トレーディング目

---

[5] 日本公認会計士協会・日本税理士連合会・日本商工会議所・企業会計基準委員会が2007年4月27日に出した最終改正版。

的の専門部署を設置している場合に、その目的のために取得した有価証券」と明記されています。

中小企業の貸借対照表に流動資産として有価証券が計上されている場合、経営者が会社の資金を使って株式の売買を行っているケースが大半です。しかし、中小企業で組織としてトレーディング目的の専門部署を設置していることはまずありません。多くの場合は経営者の個人的関心事（趣味）として行われているのが実態です。

流動資産に有価証券が計上されている場合は、売買方針や会計処理の是非とともに、含み損益の実態も把握しておく必要があります。会社の資金を本業以外の売買目的の有価証券に投じて運用した結果、損失を招くと資金繰りに影響が出てきます。経営者の独走はないか、会社の内部統制・内部管理についてもチェックしておく必要があります。

寄り道　株が大好きな人

株式投資が大好きな経営者がいます。個人の自己資金で投資を行う分には、損失を出しても個人の問題です。

しかし、オーナー経営者が会社の資金を使って、運用金額や運用方法、運用銘柄等を取締役会にも諮らず、運用成果の途中報告もせず、会社の資金をあたかも自己資金のように使っているケースがあります。これは公私混同です。

さらに、株式投資資金として会社が借入金をしてまで株式投資を行っている経営者もいます。実際の投資判断は社長個人が行っています。

株式投資にはまると、株価動向が気になり、1日に何回も株価をチェックすることになり、本業に対する経営意識が低下します。

本業のほうは部下たちが苦戦しながら働き頑張っているのに、経営者が株式投資に熱をあげるのはいかがなものでしょうか。経営者として失格です。

貸借対照表の流動資産に有価証券の記載がある中小企業に対しては、その実態がどうなっているか、資金繰りへの影響を含めてチェックしてください。バブル時代の痛い経験はもう忘れ去ってしまったのでしょうか。

5　棚卸資産

　棚卸資産とは、販売活動を通じて資金化される資産で、商品または製品、半製品、仕掛品、原材料、消耗品で貯蔵中のもの、その他これらに準ずるものをいいます。「在庫」という言葉は俗称で、会計上は棚卸資産と呼ばれます。

　いままで述べてきた現金・受取手形・売掛金・有価証券は金銭債権として貨幣価値を有していますが、棚卸資産はそのモノ自体で貨幣価値を有しているとはいえません。しかし、モノとして形が目でみえます。

　本書では、日常取引のなかで棚卸資産の実態把握はどのようにしたらよいかについて述べます。棚卸資産の実態を把握する主たる目的は「決算において粉飾が行われていないか」であります。なぜなら、粉飾決算を行う場合に棚卸資産の科目が使われることが多いからです。

(1) 在庫の水増し

　架空在庫とは実際に存在しない棚卸資産のことをいいます。存在しない在庫が決算書上は資産として存在するようにみせることで利益を水増しする粉飾の方法です。

　たとえば、実際の売上高は3億円であったとします。期首商品棚卸高が2,000万円、期中仕入高が7,000万円、そして期末商品棚卸高が5,000万円と仮定した場合の売上総利益は次のように計算されます。

　　　3億円 −(2,000万円 + 7,000万円 − 5,000万円)= 2億6,000万円

　しかし、期末に在庫を3,000万円上乗せして期末商品棚卸高を8,000万円とした場合の売上総利益は、以下のようになります。

　　　3億円 −(2,000万円 + 7,000万円 − 8,000万円)= 2億9,000万円

　在庫を上乗せ金額分（+3,000万円）の利益がふくらむことがわかると思います。

　期末に1,000万円の在庫を水増しする方法は、まったくの架空の場合と、在庫が存在し、本来は評価額を減らさなければいけないところ、評価減を行

わずに在庫を過大評価する場合との二つがあります。

しかし、この粉飾の有無は在庫を実際にみたからといってわかるものではありません。在庫は各所に分散されて保管されていますし、仮に保管場所が1カ所だとして、そこに置かれている在庫をみて、評価額を問い詰めることはできません。直感を働かせて質問したとしても、「これが正しい」との答に反論する材料や論理は見出せません。実際に在庫をみることで、粉飾の確証をつかむことは困難です。

(2) 決算書から在庫の粉飾を見抜く

実際に倉庫に行って、商品や原材料をみても在庫の粉飾は見抜けません。しかし、数期分の決算書を横に並べて棚卸資産回転期間を比較することで粉飾の兆候がわかります。それを材料にして説明を求めることから、粉飾の発見につなげることができます。

その方法を以下の事例をもって説明します。

```
    〈粉飾前のP／L〉                          〈粉飾前のB／S〉
売上高       3億円                    棚卸資産   （＊）5,000万円
 （平均月商   2,500万円）
売上原価     4,000万円
  期首棚卸高  2,000万円              棚卸資産回転期間：
  期中仕入高  7,000万円                5,000万円÷2,500万円
  期末棚卸高  5,000万円（＊）          ＝2カ月
売上総利益   2億6,000万円


    〈粉飾後のP／L〉                          〈粉飾後のB／S〉
売上高       3億円                    棚卸資産   （＊）8,000万円
 （平均月商   2,500万円）
売上原価     1,000万円
  期首棚卸高  2,000万円              棚卸資産回転期間：
  期中仕入高  7,000万円                8,000万円÷2,500万円
  期末棚卸高  8,000万円（＊）          ＝3.2カ月
売上総利益   2億9,000万円
```

損益計算書の期末棚卸高と貸借対照表の棚卸資産の数字とは必ず一致しま

す。上記例では、期末棚卸高を3,000万円水増しすることで売上総利益も3,000万円ふくらんでいます。このとき、水増しした金額分が貸借対照表の棚卸資産の金額も増加しているため、月商で除した棚卸資産回転期間は、2カ月から3.2カ月へ跳ね上がっていることがわかります。

この理屈から、数期分の決算における棚卸資産回転期間の推移を比較して跳上りがみられる場合、あるいは数字の連続性に異常がみられる場合は、在庫の水増しによる粉飾の可能性がうかがえます。倉庫に行き、目でみてもわからない在庫ですが、棚卸資産回転期間の異常な跳上りや連続性の欠如の理由について説明を求めることで、粉飾の事実が発覚することにつながることがあります。

(3) 季節資金借入れの返済の滞り

季節資金の借入れを行う企業は借入れした資金で季節商品の在庫を短期的に積み上げます。その在庫を売り切ることで季節資金借入れの返済を行います。

ところが、季節資金借入れで仕入れ、当該季節に販売する目的で在庫にした商品が売れ残ると、返済原資のメドが立たなくなります。季節商品が売れないということは、市場の動きや消費者ニーズの変化を見誤った結果です。

このように、季節資金借入れの返済が滞っている状態は、短期的に積み上げた特定の商品在庫が残っているということです。当該季節に売れない商品は、在庫期間が長くなれば陳腐化し、流行遅れになり、商品価値は下がります。

このような季節資金借入れで仕入れた商品の処理の流れによっては損失を出すことになります。あるいは、商品価値が下落しているにもかかわらず、評価減を行わないと粉飾になります。

季節資金借入れによって仕入れた売残りの在庫は、貸出金の返済に関係することもあり、注意とフォローとが必要です。

(4) 棚卸資産の内訳書

勘定科目内訳明細書に棚卸資産の内訳書があります。この内訳書には商品

または製品、半製品、仕掛品、原材料、貯蔵品別に品目・数量・単価・期末現在高が記載されます。

　ここに記されている品目ごとの数量と単価について同内訳書の数期分を横に並べて比較することは意義があります。まずは、棚卸残高全体の動きをみたうえで、内訳明細書で中身のチェックをします。商品または製品、半製品、仕掛品、原材料、貯蔵品別に棚卸残高をみてから、それぞれの回転期間を算出し、その数字の変化を数期間にわたってみます。前記(2)で述べたとおり、回転期間の異常な跳上りや連続性の欠如がみられる場合は、その理由について説明を求めてください。

　また、回転期間の変化とともにそれぞれの単価や数量に大きな変化がみられるときも、その理由を取引先にたずねることで在庫の実態把握に努めてください。

第 6 章

倒産兆候のとらえ方

第 1 節

事例紹介

1　事　例 11

　R社はある生鮮食料品に関して小売業としては業界トップの地位にあります。いくつかの有名百貨店の地下食品売場に売場をもち、業績も順調です。

支店長　山口君、R社の格付はどうなっているかな。

山　口　R社の格付は6で、積極方針先になっています。R社の件で何かあったのですか。

支店長　実はね、本部からR社の手形が街金に流れているという情報が入ってきたんだ。

山　口　あそこは仕入れも販売も現金だから支払手形は切っていないはずですが。当行は手形用紙を出していません。

支店長　どうやら、R社が振り出したのではなく、R社の社長が個人で振り出した手形のようだ。

山　口　個人、ですか。またどうして……。

支店長　詳しくはわからないが、社長はヤクザに追われているという情報もある。

山　口　本当ですか。

支店長　そこで山口君にお願いだが、まず、R社の貸出金額と引当状況を教えてほしい。それに会社を訪問したいのでアポをとってく

れ。

山　口　はい、わかりました。

──後刻──

山　口　支店長、R社宛貸出は現在、協会保証付きの2,000万円だけです。積極先ですが、なかなか当行から借りてくれなかったのが幸いしましたかね。

支店長　そうか協会保証付きだけか。それでアポは。

山　口　社長はいないそうですが、社長の弟の専務が会ってくれるそうです。

支店長　先ほど同業のS社の社長に電話してみたら、R社の社長が行方不明になっているといううわさがあるらしい。

山　口　支店長、会社の業績は順調ですし、貸出も協会保証付きだけですから心配いりません……。

支店長　協会保証付きといえども貸出先であることに変わりない。社長個人のことだからといってオーナー会社なのだから、それがR社にどのように跳ね返ってくるかわからないぞ。まずは情報の確認が大事だ。それから君は、今晩、友田課長と一緒に社長の自宅に行ってみてくれ。

山　口　今晩……、夜にですか。

支店長　そうだ、夜だ。夜ならば、人がいれば電気がともるのでわかる。人がいるようだったら、「夜分すみませんが」といって、社長の在宅を確認してくれ。

──後日──

山　口　支店長、R社の弁護士から手紙が来ました。○月○日付で裁判所から破産手続開始の決定を受けたようです。先月、R社はA銀行で不渡りを出していたので時間の問題でしたが……。でも何で、社長個人の不始末がR社の倒産になったのでしょうね。

支店長　社長はサイドビジネスに手を出して失敗したらしい。手形を乱

発しそれが街金へ流れ、暴力団から追われていたらしい。個人の手形の決済をするためにＡ銀行にＲ社の口座を開き、会社の資金で決済していたようだ。数億円も使ったらしい。自宅も暴力団に占拠されていたと、Ｓ社長はいっていたよ。

山　口　会社は順調なのに、こんなこともあるんですね。

支店長　こういう裏情報から倒産するケースは私も初めてだ……。

2　事　例 12

　P産業は電気設備機器の卸業者です。直近５期の業績は以下のとおりです（金額単位：百万円）。

	02／3	03／3	04／3	05／3	06／3
売 上 高	5,200	4,500	4,300	4,200	3,900
経常利益	3	1	0	0	1
受取手形	1,750	1,570	1,620	1,480	1,380
売 掛 金	760	850	1,070	1,150	1,200
借 入 金	670	750	770	800	820

支店長　渡部君、これは粉飾くさいな。

渡　部　そうでしょうか。

支店長　一つは経常利益が人為的につくられている感じがする。実態は赤字だと思うよ。二つ目は売上げが毎年減少して、この５年で13億円減少しているのに、売上債権（受手＋売掛）は減っていない。

渡　部　回収方法を受取手形から売掛金に変えたといっています。

支店長　確かに受取手形が減り、売掛金は増えている、でも合計してみると24億〜25億円前後で変わっていない。売上げが13億円減少しているのに売上債権の金額が変わらないということ自体がおかし

い。渡部君、こういう場合、売上債権の実数ではなく、回転期間の比率で推移をみてごらん。

渡　部　売上債権回転期間ですね。売上債権（受手＋売掛）を月商で割り算します。

　　　　02／3期　2,510÷433＝5.80カ月
　　　　03／3期　2,420÷375＝6.45カ月
　　　　04／3期　2,690÷358＝7.51カ月
　　　　05／3期　2,630÷350＝7.51カ月
　　　　06／3期　2,580÷325＝7.94カ月

支店長　異常であることがわかるだろう。『中小企業の財務指標』をみて、電気設備機器の卸売業の売上債権回転期間の平均値と比べてごらん。

渡　部　（『中小企業の財務指標』をみながら）電気設備機器と一致しませんが、電気機械器具卸売業でみますと、ええと、直近2005年の数字で、68.2日となっていますから、約2.3カ月です。

支店長　そうだろう。平均が2カ月なのにP産業は8カ月近い。4年間で売上債権回転期間が2カ月も延びているのは、とても異常だと思う。

渡　部　折返資金として5,000万円の申出があるのですが……。

支店長　折返資金という資金使途はない。借入返済が利益で賄い切れないので、財務収支上の不足を補うものだ。これだけ売上げが減ってくれば普通は減少運転資金になるのが、借入金は増えている。売上債権も減るはずが、減っていない。ならば増加運転資金は発生しないはずなのに、借入金が増えている。おかしなことばかりだ。

渡　部　どうしましょうか。

支店長　もう危険な状況になったとみるべきだろう。倒産懸念がある先に、他行の約弁資金を当行が出す必然性はない。リスクを大きく

するだけだ。ところで割引手形（商手）の銘柄はどうなっている。

渡 部　これが商手支払人の一覧です。

支店長　同じ名前のＰ工業というのはどういう会社だ。

渡 部　関連会社です。Ｐ産業は設備機器の卸業者で、Ｐ工業はその設備工事を行う会社で、Ｐ産業の子会社になります。

支店長　ちょっと待てよ……。Ｐ産業は設備機器をどこに売っているの。

渡 部　中堅ゼネコンや住宅建売業者などです。

支店長　Ｐ産業はＰ工業に商品は売っていない。商品の売買がないのに、なぜＰ産業にＰ工業の振り出した手形があるのだ。Ｐ産業が持ち込んで割引しているＰ工業の手形は融通手形じゃないか。

渡 部　……。

支店長　渡部君、銀行取引一覧表をみてごらん。主力のＪ銀行の貸出残高は減っているね。Ｊ銀行の貸出シェアはピークの50％から28％まで落ちている。Ｊ銀行は主力としてＰ産業の実態把握を進め、危険を察知して手を引き始めていると考えるべきだね。Ｊ銀行の約弁のために折返資金を貸すという段階じゃない。与信・引当状況をみて、当行自身が債権保全を図るほうが先だ。

3　事例から学ぶこと

　〈事例11〉、〈事例12〉とも、実際にあった倒産事例を脚色したものです。貸出担当者は、貸出を実行した後もその貸出先の業況を注視し、債権管理を行わなければいけません。具体的には、決算書の財務分析を行うことで業績と資金繰りの健全性を計り、実体取引面でその確証を得るように努めます。そのような日常的な貸出業務で異常を発見した場合、原因、理由を納得がい

くまで追求しなければなりません。そして、倒産に至る懸念があるならば、1日も早く倒産に至る兆候を見極めて、債権保全に向かわなければなりません。

いやしくも担当している貸出先が倒産した事実を第三者から突然聞かされる、あるいは事後的に知ったというのでは、貸出担当者として失格です。貸出業務で大事な債権管理を行っていなかったということにほかなりません。

1日も早く倒産に至る兆候を発見することで債権保全に取り組む時間が確保され、被害を最小限に食い止めることができます。結果として倒産しても、実損被害がなくてすむ場合もあります。

企業が倒産する場合、必ず前兆があります。その前兆をキャッチしなければなりません。〈事例11〉では外部情報がきっかけになりました。〈事例12〉では財務分析の結果に異常を感じたことがきっかけになっています。

倒産の兆候を見逃さないために大事なことは、不自然に感じたことや異常ではないかと思ったことについて、納得がいくまでその原因と理由を追求することです。変な先入観を捨てて、冷静かつ論理的に観察・分析してください。また過去の出来事や周りからの情報をうのみにせず、自分の頭と目と耳で確認することが大事です。

「ここの社長なら大丈夫だ」「社長は人格者で信用できる人だ」「資金繰りは心配ないと本人がいっている」「地元の有力者で資産は十分もっている」「当行の元頭取とも懇意だし、国会議員のF先生が後ろ盾だといわれている」「あそこは一部上場M社の資本が40％入っているので心配ない」等々の言葉に惑わされてはいけません。

また、銀行にとって「大事な顧客だから」「長年にわたる主力先だから」「もう少し様子をみてから」「そんなにきついことはいえないですよ」「預金も貸出も、当店の目標達成のためにいままであんなに協力してくれたじゃないですか」等々の言葉から、遠慮したり、一歩下がった対応になったりしてはなりません。

銀行にとって、貸出先が倒産して、貸出金が回収できない事態を招くこと

がどのような意味をもつか、しっかり考えるべきです。

　本章では、倒産の兆候のとらえ方について三つの観点から説明します。倒産の兆候をとらえる切り口として、いずれも異なりますが、共通することとして、過去は問わないこと、先入観をもたないこと、他の評価や情報に惑わされないことを前提に置いて、わずかな変化にも疑問をもち、冷静に原因究明を行い、多面的かつ総合的に自分の頭で考える姿勢を維持することが重要です。

　第5章までの「実態把握」は、人間でいえば健康診断です。本章でいう「実態把握」は健康診断で要注意マークがついたところの再検査であり、再検査の結果次第で対応方針が180度変わるという、重大な意味をもつ内容です。再検査で本当の病巣（倒産の兆候）を見逃した場合、死（倒産）に至るかもしれないと考え、しっかり読んでください。

第 2 節

外部情報から察する兆候

　本節でいう外部情報とは、一般紙・業界新聞・信用調査会社・興信所、それに貸出取引先の仕入先・販売先・同業者などからの情報を指します。

1　火のない所に煙は立たない

(1)　情報取扱いの注意

　〈事例11〉では外部情報から取引先の危険を知りました。実際に、このような話はよくあります。

　外部情報を得た場合に注意するべきことがあります。

　　① 情報の内容をうのみにしない。
　　② 情報を無視しない。
　　③ 必ず側面調査に入り、情報の裏付をとる。
　　④ すぐに動く。情報が入ってから時を置いてはいけない。
　　⑤ 銀行が露骨に動いている印象を与えない。

　情報の中身がすべて的を射たものであるとは限りませんが、火のない所に煙は立たないといわれるように、なんらかの事実がある場合がほとんどです。

　過去の経験則に照らしても、まったくの事実無根であるケースはきわめてまれであります。ただし、情報が断片的であったり、誇張されていたり、主観が交じったりしていることもあります。

いずれにしても、取引先の信用にかかわる情報であるので、裏付をとる側面調査を含めて、情報の取扱いは十分な注意が必要です。特に、銀行の動きがその情報にうわさ話として盛り込まれるようなことになっては、取引先との信頼関係にも影響を及ぼします。

その意味からも、側面調査のために情報を集め、内容を確認する相手選びにも注意を払うことが大事です。直接、情報の対象である当事者の貸出取引先へ確認できないこともあります。そのような場合は、次のことにも注意を払ってください。

① 情報源を安易に明かさない。
② 情報を事実のごとく話してはいけない。
③ 聞き上手な態度に徹する。

(2) 情報・うわさの類

情報・うわさの類はたくさんあります。ささいなことでも、その情報をおろそかにしないでください。担当者一人の主観で情報を一蹴したり、無視したりした結果、倒産の兆候をとらえることが遅れることになっては困ります。

情報・うわさが入って来たとき、明らかな間違い、嘘、中傷誹謗的なものであるからと、裏付をとらずに放置する場合でも、上司に報告・連絡・相談を行い、当該情報について情報の入手日と入手先等を記録しておくことをお勧めします。

情報やうわさの類は次のようにものがあります。

① 経営者について
　◇社長はがんで入院した。
　◇最近、社長は会社に出ていないようだ。
　◇社長は会社の金を使って遊んでいるようだ。
　◇社長は株で大損したようだ。
　◇社長は息子を後継者にしたくないようだ。息子とは仲が悪い。
　◇社長は競争馬を買ったらしい。

◇社長はサイドビジネスに手を出して失敗したらしい。

◇社長は、最近、弁護士事務所に行っているようだ。

② 会社経営について

◇社員はボーナスが出ないといってぼやいていた。

◇一番大きな仕入先から商品の納入が止められたらしい。

◇一番大きな販売先が倒産して、売上げも大きく前年割れするみたいだ。

◇大株主である業務提携先が株主から外れた。

◇支手サイトが延びた。支手をジャンプしたらしい。

◇子会社の経営が悪化して、資金面でずいぶん支援をしているようだ。

◇大阪の営業所を閉鎖するといううわさだ。

◇主力銀行が手を引いているらしい。主力銀行が変わった。

◇遊休不動産を売りに出した。人員整理も行うらしい。

◇営業部隊が5人まとまって辞めるらしい。経理部長も突然に辞めた。

◇市中の金融業者がこの会社の手形の割引をストップしたらしい。

◇販売店が押込販売されて困っているといっている。

2　情報の確認

　情報の裏付をとるための側面調査はすぐにでも行わなければなりません。情報を入手したら、まずは上司に報告・連絡・相談し、情報の確認は担当者が独断で行うことなく、方法と担当とを決めることが必要です。確認する内容と確認する相手によって、担当者ではなく、上司、時には支店長のほうが適任である場合があります。

　側面調査を行う場合、次の3点についてよく考えたうえで、適切な動き方をする必要があります。

①　情報は公になっているか、いないか。
②　情報の確認は、情報源に当たるか、情報源以外に当たるか。
③　情報の内容を、当該企業に直接確認してよいか、まずいか。

　情報の真偽を確認する場合、注意することがあります。上記①でいうところの「公」という意味は、新聞や雑誌で公表されている情報で、だれもが承知しているものです。それ以外は公になっていない情報という認識で動かなければいけません。公になっている情報は情報を発している情報源に問い合わせるとともに、当該企業にも直接的に情報の真偽を確認してもよいでしょう。しかし、そうでない場合は慎重な動き方を考えなければなりません。

　たとえば社内から得た情報や同業者から得た情報について、内容にもよりますが、直接、社長に確認することをはばかることもあるはずです。情報の内容が事実であったにしても、「だれがそんなことをいっているんだ」という反発を招きかねません。社長のプライベートなことに係る内容は、個人情報の問題もあり、特に慎重に行わなければいけません。

第 3 節

財務分析から察する兆候

　決算時に提出される貸借対照表と損益計算書から倒産の兆候を発見する特別な分析手法はありません。ただし、企業が倒産という終焉に向かう過程では、その間必ず財務構成面にその兆候が表れます。

　本節では、財務分析から倒産の兆候を読み取る方法として、粉飾決算と融通手形の二つの切り口から説明します。

　倒産という現象は、数年間にわたる業績悪化が原因で企業体力が徐々に弱まり、限界が到来して倒産する場合と、業績の悪化を隠しながらもある日突然に資金繰りが破たんして倒産する場合との二つに分類されます。

1　粉飾決算はなぜ行われるか

(1)　粉飾はなぜ行われるか

　X社は前期決算で5,000万円の利益を計上し、10％の配当を行いました。

　今期の業績は不振で▲3,000万円という多額の赤字を出し、無配に転落した事実をそのままの姿で公表しました。そうすると、おそらく株主、銀行、仕入先、従業員などは、前期に5,000万円の利益をあげたことは忘れ、経営者に対して赤字の経営責任を追及すると思われます。

　中小企業の株主は経営者一族が多いかもしれませんが、取引先や親会社が株主の場合の経営責任の追及は厳しく、銀行は貸出に慎重になり、追加担保を要求するかもしれず、仕入先は納品を渋り、売掛金の支払を迫るようにな

り、従業員は賞与がなくなり、モラールが低下するなどの影響が出ないとも限りません。

そこで経営者は、好況時に利益を圧縮して内部留保に回し、不況時にこの含み利益を表に出して損失を補てんすることを考えます。

上記の例でいえば、前期に5,000万円の利益を出したが、これを圧縮し1,000万円の利益として公表し、今期に4,000万円の含みを吐き出して▲3,000万円の赤字の穴埋めをして、1,000万円の利益として公表します。

そうすることで利益は前期も今期も1,000万円になり、相応の配当も可能になります。株主、銀行、仕入先、従業員などから、経営責任を問う声はありません。ここに粉飾決算を行う原因があるのではないでしょうか。

言い換えますと、粉飾決算は経営者が次のことを考えて行うと思います。

① 経営の失敗を責められないようにするため。
② 社会的信用を保持するため。
③ 資金調達のパイプを維持するため。
④ 従業員のモラールを維持するため。

(2) 粉飾決算の類型

第4章第3節（経営者を識る）で次のように述べました。

「中小企業の経営・業績は、経営者の性格・意思と密接な関係にあるといっても過言ではありません。「企業は人なり」という言葉の「人」とは、中小企業経営にとっては「経営者」といえます。それだけ経営者の意思が会社の経営行動に結びつき、それが売上げや利益につながっているといえます」

決算書は経営者の経営に対する意思が反映されます。また、経営者はさまざまなところからプレッシャーを受けて、それを常に意識して経営を行っています。その際、経営者は上記①～④のことが念頭にあり、そのために決算を公表するにあたり決算を粉飾することを考えます。その主な方法として次の三つがあります。

① 利益を圧縮する粉飾
② 利益をふくらませる粉飾

③ 損益に影響しない粉飾

　利益を圧縮する粉飾決算は、税金の軽減や将来の業績悪化への備え、あるいは配当の平準化などの考えから行われます。

　利益をふくらませる粉飾決算は、倒産に至る致命的な問題になりうるものです。それは業績悪化の事実を隠すことで自社の対外信用を保持することを目的に行われます。赤字を黒字にみせかける等の粉飾を行い、仕入れ・販売の取引関係を維持し、銀行からの資金調達の確保が主なねらいです。さらに、官公庁の許認可や入札資格の獲得や保持のためにも、業績悪化を隠すために行われ、粉飾決算のなかでも最も性質が悪い粉飾といえます。

　損益に影響しない粉飾は、財務比率を偽装したり、融通手形を隠蔽したりする等の粉飾です。

2　粉飾決算の発見

　ここでは貸出判断に最も影響を与える「利益をふくらませる粉飾決算」の発見方法について述べます。

(1)　利益をふくらませる粉飾の諸段階

　企業は収益が悪化してくると、それを補てんするために、まず遊休不動産や市場性がある有価証券等を売却する動きをとります。売却益を捻出して利益増加を図ります。これは粉飾ではありませんが、収益が悪化してくるとよく用いられる方法です。

　不動産売却益や有価証券売却益では目指す利益に届かない、あるいは売却できる不動産や有価証券はもっていない場合、いよいよ粉飾の方法を考え始めます。

　利益をふくらませる粉飾の方法は以下の3段階があります。

a　第一段階

　償却や引当ての過不足を利用します。具体的方法は次のとおりです。

　　◇引当金や準備金の操作

◇固定資産の償却不足

◇貸倒れの償却未計上

◇資産評価損の未計上

 b 第二段階

 引当金や償却以外で費用の操作を行います。具体的方法は次のとおりです。

◇費用の資産化

◇費用の繰延べ、または流動資産化

◇繰延資産の操作

◇未払費用の未計上

 c 第三段階

 この段階は、積極的に粉飾をする意図があるとみられます。売上げの操作にしても、架空、偽装を行い、悪質といえます。具体的方法は次のとおりです。

◇売上高の操作

◇在庫の水増し

◇子会社への損失転嫁

◇負債の簿外処理

 粉飾決算を見破ることはむずかしいものがあります。ただし、複式簿記の原理に基づき決算書を作成する限り、貸借対照表と損益計算書の双方の数字を操作しなければいけません。利益は貸借対照表では「資産－（負債＋資本）」で示され、損益計算書では「収益－費用」の形で表されます。したがって利益を操作するためには、貸借対照表と損益計算書とのしかるべき数値に操作を加えなくてはつじつまが合わなくなります。

 すなわち、粉飾を行うと貸借対照表と損益計算書との両方に必ず影響を及ぼします。よって、ささいなことでも疑問に感じたら、原因と理由について納得できるまで追求する姿勢が大事です。

(2) 粉飾決算の発見（その1：全体観）

1期分の決算書をみても粉飾の気配が感じられない、あるいは具体的な発見ができない場合でも、長期的な推移をみることで異常な動きを感ずることがあります。

そのために、過去5年間の貸借対照表と損益計算書を横に並べて、そして勘定科目ごとに5年間の数字の変化をみます。さらに、一般的な財務分析の手法によって計算された経営指標を5年分並べ、その推移をみます。実数と比率との両方で5年間の推移をみれば、決算の異常を発見できることにつながります。

粉飾決算を行っている会社の決算書を5期分並べて検討した場合、経験的に次の三つのパターンの異常に気づきます。

① 売上げが減少傾向にあるのに、売上債権が増加している。
② 売上高営業利益率、売上高経常利益率が毎期大きくぶれている。
③ 経常利益額は赤字ではないが0〜200万円という低位金額で推移している。

本章第1節の〈事例12〉をあらためて取り上げて検討しましょう。P産業の直近5期の業績は以下のとおりです（金額単位：百万円）。

	02／3	03／3	04／3	05／3	06／3
売 上 高	5,200	4,500	4,300	4,200	3,900
経常利益	3	1	0	0	1
受取手形	1,750	1,570	1,620	1,480	1,380
売 掛 金	760	850	1,070	1,150	1,200
借 入 金	670	750	770	800	820
売上債権回転期間	5.8	6.4	7.5	7.5	7.9

ちなみにこの〈事例12〉のケースは上記①③に該当しています。

粉飾決算を巧妙に行ったにしても、その決算期だけでは見破られないが、長期的な傾向の悪化までは粉飾できません。したがって、この方法は有効で

あるといえます。

(3) **粉飾決算の発見**（その2：個別点）

　ここでは利益をふくらませる粉飾決算の主な操作方法について述べます。粉飾決算の主な操作方法についてわかっていれば、見破ることもできます。

　前述した3段階に沿って説明いたします。

a　第一段階

　初歩的な粉飾として次の四つを掲げました。

　　① 引当金や準備金の操作
　　② 固定資産の償却不足
　　③ 貸倒れの償却未計上
　　④ 資産評価損の未計上

　①は、貸倒引当金や返品調整引当金、また任意に積み立てた準備金を取り崩して利益を増加させる方法です。

　②は、減価償却費・繰延資産償却費の計上を取り止める、または計上額を大幅に減額する方法です。貸借対照表に建物・機械などがあるにもかかわらず減価償却費が計上されていない場合は、粉飾を行っている可能性が大きいといえます。計上されていないことは決算書をみれば一目でわかります。しかし、勘定科目が計上されている場合、金額をみてどのように判断したらよいでしょうか。そのためには、取引先から税務署へ提出した法人税申告書をもらい、税務上の償却限度を把握し、減価償却費がいくら不足しているかをつかむことから、粉飾の可能性を発見できます。

　固定資産の償却の操作方法として、定率償却を定額償却に変更したり、償却額そのものを減額したりするケースがあります。また、新規に設備投資を行い、その設備が稼働しているにもかかわらず、建設仮勘定に据え置いて償却負担を回避するという方法もありますので、よく注意してみてください。

　③は、貸倒引当金など引当金繰入額の計上を取り止める方法です。貸借対照表に受取手形・売掛金・貸出金などの債権があるにもかかわらず貸倒引当金が計上されていないことは一目でわかります。しかし、勘定科目が計上さ

れている場合、金額をみてどのように判断したらよいでしょうか。貸倒引当金の場合、数期間の決算書を比較して、前期比の増減をチェックすることで異常がないかをみるしかないでしょう。また、多額の不良債権を抱えていると売上債権回転期間の悪化から露呈してしまうことから、回収不能の売上債権を長期貸付金などに振り替えるケースもあるようです。

④は、会計上大きく関係する動きがあったので注意が必要です。2006年7月5日に企業会計基準委員会から「棚卸資産の評価に関する会計基準（企業会計基準9号）」が公表されました。

この基準は、2008年4月1日以後開始の事業年度（2009年3月期）から強制適用されるもので、これにより「通常の販売目的で保有する棚卸資産」の評価に関して、評価基準を全面的に「低価法」に移行することになりました。

これまでの棚卸資産の評価では、取得原価を簿価とする「原価法」を原則としながら、「低価法」の選択も認められていました。これですと、「原価法」を採用している企業は、棚卸資産の経済的価値が減少していたとしても、実際に棚卸資産を売却するか廃棄するまでは、含み損失を表面化しなくてすみました。しかし、2009年3月期から、このような含み損失を無視した利益計上はできなくなります。

企業会計基準委員会がこのような基準を公表した背景には、企業は収益性の低下を早期に認識して、損失を先送りしない経営を行わなければならないという考え方があると思われます。言い換えれば、基準を変えなければいけないほどに資産評価損を計上していない企業が多いということかもしれません。

b　第二段階

引当金や償却以外で費用の操作を行うとして次の四つを掲げました。

① 費用の資産化
② 費用の繰延べ、または流動資産化
③ 繰延資産の操作

④　未払費用の未計上

①は、本来は費用として落とすべき支出を固定資産へ繰り入れることで利益を水増しする方法です。

具体的には、土地建物や設備などの固定資産を取得した場合、法人税法では、購入代価のほかに荷役費、運送保険料、購入手数料、関税などの費用を取得価額に含めるとされます（法人税法施行令54条）。取得価額に算入しない費用である、購入のための借入金の利息や不動産取得税、自動車取得税、特別土地保有税、登録免許税、新工場の落成記念費用等を取得価額に含める（＝固定資産をふくらませる）ことで、利益の水増しを図ることができます。

また、修繕費として計上されるべきものを資本的支出として固定資産に繰り入れることで利益の水増しを図る方法もあります。たとえば、建物や機械の移築・移設に要した費用（法人税法基本通達７－８－２）や、災害被害により被災した資産を現状回復させるのに要した費用（法人税法基本通達７－８－６）は修繕費ですが、これを固定資産に計上して、以後、耐用期間にわたり徐々に費用化する方法です。

②の費用の繰延べとは、短期前払費用が支出した事業年度の損金に算入できることを放棄し、未経過分を前払費用として処理、次期へ繰り延べることで利益を捻出する方法です。

具体的に述べましょう。地代家賃、リース料、保険料、借入金利息、信用保証料、手形割引料等々は、短期前払費用として支出した事業年度の損金に算入することができます（法人税法基本通達２－２－14）。これを逆手にとって、収益が悪化すると、これらの金額を一括して費用処理せず、未経過分を前払費用として処理し、次期へ繰り延べることで利益を捻出するのです。

また、費用の流動資産化というのは、交際費や出張費、あるいは政治献金などを仮払金や立替金という流動資産に計上することで利益を出しているケースもあります。

③は、繰延資産を利用して利益をふくらませる方法です。

旧商法では、繰延資産として創立費、開業費、研究費、開発費、新株発行

費、社債発行費、社債発行差金、建設利息の八つをあげ、その計上は資産計上してもよいし、支出した期に全額を費用として処理してもよいとされていました。資産計上した場合は、それぞれに一定の償却期間を設けていました。資産計上するということはそこには財産価値・換金価値があるはずですが、繰延資産にはその価値がありません。言い換えると、繰延資産は実体がない無形のものですから、繰延資産を使い、その残高が増加している企業は、業績が悪化していると考えられます。

そこで、会社法は「繰延資産として計上することが適当であると認められるもの」が繰延資産の項目に属するとだけ定めました。財産価値・換金価値がない怪しげなものまで資産に計上することは不健全な経理であるという考え方があるからでしょう。

それでも、繰延資産を計上している場合は、実態を把握することが必要であることは間違いありません。

④は、未払費用を計上しないことで利益をふくらませる方法です。

未払費用とは、一定の契約に従い、継続して役務の提供を受ける場合、すでに提供された役務に対していまだにその対価の支払が終わらないものをいいます。具体的には未払利息、未払家賃、未払給料、未払社会保険料等が該当します。これらは決算日までに支払期日が到来していないものの、当期分未払額を決算時に計上しなければいけません。それを故意に計上しないことで利益をふくらませる粉飾です。

c 第三段階

この段階は、意識的かつ計画的に粉飾を行う積極的な姿勢があるとみられ、粉飾金額も大きくなります。内容も、架空や偽装という悪質なものといえます。この段階に手を伸ばしている粉飾決算は倒産に近づきつつあるといえるかもしれませんので、粉飾の実態はしっかりと把握し、追及する姿勢が必要です。ここでは次の4通りについて説明します。

① 売上高の操作
② 在庫の水増し

③　子会社への損失転嫁

④　負債の簿外処理

①は、売上高を操作する方法ですが、その手法にはいろいろな方法があります。いくつかの典型的な方法を述べます。

　i　押込販売

　　子会社や関係会社へ販売した形にして売上高を水増しする方法です。自社と子会社の決算期をずらし、子会社の決算に際して、再び買い戻すという形がとられると、連結決算をしていない限り発見はむずかしいといえます。

　ii　繰上計上

　　翌期に属する売上分を当期の売上高として繰り上げて計上する方法です。

　iii　架空売上げ

　　架空の取引先に対して売上げがあったように装う方法と、実在の取引先を相手に架空の売上げを計上する方法とがあります。

　　具体的には、取引先に架空の注文書を発行してもらい、自社は架空の納品書と請求書を発行したうえで、売上伝票を起票する方法です。これがモノの売上げであれば現物の動きのチェックでわかりますが、サービスの売上げの場合はわからないでしょう。

　iv　リベートの未計上

　　リベートとは、一定期間に多額・多量の取引の相手方に対して売上代金の一部を割り戻すことをいいます。会計上は売上控除項目として処理すべきものを、その処理を翌期以後に繰り延べる方法です。

　v　返品未処理

　　返品があれば売上げを落とすべきですが、その処理を行わないことで売上げの水増しを図る方法です。

　vi　内部売上げの操作

　　事業部別独立採算制を採用している場合、内部取引を除外せず売上

げに計上する方法です。

　以上のような売上げを水増しする操作を行うと、売掛金回転期間が長期化することになります。

　②の在庫の水増しについては第5章第4節5(1)（在庫の水増し）で述べています。在庫を水増しする方法は、まったくの架空の場合と、在庫は存在し、本来は評価額を減らさなければいけないところ、評価減を行わずに在庫を過大評価する場合との二つがあります。

　そして、この粉飾の有無について、実際に在庫をみることで粉飾の確証をつかむことは困難だとも述べました。これも棚卸資産回転期間の長期化が進む指標を相手に示して説明を求めることで実態を把握することが大事です。

　③の子会社への損失転嫁は次の三つの典型的な例があります。

　　i　メーカーが販売子会社に対して製品を市価より高く買い取らせたり、経費の一部を子会社に負担させたりする場合です。子会社の赤字に対しては、親会社が貸付金の名目で支えているケースがよくあります。

　　ii　親会社が債務保証する形で子会社名義に借入れを起こさせ、その資金を親会社が低利で借り受ける場合です。

　　iii　新規事業や不採算部門が黒字化するまで長期間を要する場合、別個に子会社を設立し事業運営にあたらせ、発生する損失は子会社に転嫁させる場合です。

　④の簿外負債の発生は末期的症状といえます。よく用いられるのは次の二つです。

　　i　銀行以外の金融業者から高金利で借り入れ、その借入金を簿外にして、代り金は不良債権、未収金、貸付金の回収をしたと仮装する場合です。

　　ii　仕入れに際して、買掛金や支払手形を一部簿外にすることで費用を過小計上し、架空利益を計上する場合です。

> **寄り道** 粉飾決算について
>
> インターネットにはたくさんの税理士・公認会計士・経営コンサルタントが粉飾決算について述べています。そのなかから、いくつかの文章を転載します。
> ◇「税理士になって30年以上になるが、今までの関与先の中で、粉飾をしていなかったのは、たった2社だけだった」
> ◇「小規模企業の経営者や経理担当者は自ら粉飾するだけの能力を持っていません。では誰が粉飾操作するのかといえば、それは顧問税理士や会計士などです」
> ◇「税務会計事務所が関与先企業のために決算書の数字を操作することを"調整"と言います」
> ◇「中小企業の経営者が"調整"という言葉を使っていれば、それは粉飾している可能性が大です」
> ◇「ちょっとだけ黒字になっている会社は粉飾していると見て間違いないのです」
> ◇「粉飾するなら材料在庫と仕掛在庫を調整することです。簡単にできて、しかも見破られることはほとんどありません」
> ◇「デッドストックについて、国税局の職員や銀行員は工場や倉庫を見ようとしません。最初から見ても分らないと決めつけています」
> ◇「銀行は脱税している企業を税務署にちくったりしません」
> ◇「減価償却をしていない会社があります。減価償却をしていないというのは、税法違反になりません。だから税務署は見て見ぬふりをします」
> ◇「減価償却をしていないというのは、商法違反ですから罰せられます。しかし、何故か罰せられるのは倒産したときだけです」
>
> すごいことが生々しく書いてあり、びっくりしました。

3　融通手形

(1)　融通手形のパターン

融通手形には次の三つのパターンがあります。

a　書き合い手形（交換手形）

お互いが手形を振り出し合うもので、期日には自己資金で互いに決済します。二人で行うだけでなく、三人以上が融手グループをつくって、相互に書き合う（交換）することもあります。

書き合った仲間の一人が不渡りを出すと、もう一方の者は割引依頼した手形の買戻しと、自己振出手形の決済の両方の資金が必要になります。その資金がつくれない場合は、連鎖倒産になります。

b　借手形・貸手形

信用力がある者から手形を借り、その手形を割引して代り金を使用するが、期日には借手が資金を手当てして、貸手に提供して決済します。手形を貸す信用力があるほうからすれば貸手形になります。

また、借手が手形を振り出し、信用力がある者の割引枠を使って割り引いてもらい、代り金を使用するという方法もあります。

c　前受手形

実際に商品や役務などの取引が行われる前に手形を受け取る場合です。手形を渡す側からみると前渡手形となります。

手形を振り出す原因取引があることから融通手形とは言い切れませんが、手形を受け取った者が先に倒産した場合、商品や役務の授受ができなくなることから、借手形と同じ性格といえます。

(2)　**融通手形の危険性**

企業が業績不振に陥り、資金繰りが困難になったとき、融通手形は安易な資金調達の方法として使われます。融通手形は、努力しないで売上げを増加させたことと資金繰り上は同じ効果を生みます。しかし、いったん利用すると、融通手形を決済するために次々と融通手形に頼ることになり、経済的な麻薬という性格を帯びています。融通手形から抜け出すことができなくなったとき、行き着くところは倒産です。

融通手形は一種の粉飾です。これを知らずに割り引く銀行は、粉飾決算を見抜けないまま、倒産に向かう業績不振企業に貸出をしていることと同じで

す。倒産の兆候として融通手形を発見することはきわめて大事です。融通手形を利用せざるをえない体質の企業と貸出取引を続けることの危険性は認識する必要があります。

(3) 融通手形の見分け方

融通手形の割引依頼が来るとき、貸出先の資金繰りは逼迫しており、そこへ至る過程では、さまざまな情報や粉飾決算などからその兆候は把握しているはずです。したがって、倒産の兆候のとらえ方が融通手形の見分け方にもつながります。

それとは別に、融通手形自体を見分ける方法としては次のようなことが考えられます。

① 取引状況から見分ける

　i　商手割引において新しい銘柄が増える。

　ii　商手割引において銘柄が特定先に集中し始める。

　iii　支払手形の依頼返却が頻発する。

　　手形の借手側が資金を期日に準備できなかった場合もありうる。

　iv　支払手形決済日に大口の現金入金や振込がある。

　v　落込みと同額、または金利上乗せした金額の同一銘柄の割引申出や担保手形の差入れがある。

　vi　月商に比べ手形金額が大きい、あるいは月商推移に比べ割引総残高が増加している。

　vii　当座預金で決済された手形の裏書人のなかに、割引手形の支払人がいる。

　viii　単名借入れの申出を断った後に商手割引の依頼がある。

② 手形から見分ける

　i　手形金額に端数がついていない。

　　手形金額が「¥3,000,000」のようなラウンドのものは要注意だといわれます。しかし、普通の商業手形のようにみせかけるために端数をつける融通手形もあります。また、商取引における支払方法

で、百万円単位の支払は手形で行い、百万円未満の数字部分は振込で行うという場合があり、商業手形でもラウンド数字の手形があります。

ただし、その会社の規模や取引の実態に照らし合わせて、明らかに不相応な金額の手形は注意する必要があります。

ⅱ 支払担当者の添え印がない。

実需手形では支払担当者が金額に添え印を押すことが多いのではないでしょうか。

しかし、融通手形は社長同士の交渉で行われることから、実務担当者の金額添え印が押されていない場合があります。

ⅲ 振出人と受取人との間に商売上のつながりがない。

業種柄、まったく関係がない会社と商取引するとは考えられないので、まったく異業種の会社が振り出した手形は成因を確認しなければいけません。

ⅳ 商売の流れと手形の流れとが逆である。

通常は、仕入先へ商品購入代金や原材料代金を支払う、あるいは工事代金を下請先へ支払うために手形を振り出しますが、その流れが逆になっている手形があります。

第 4 節

自店取引から察する兆候

　倒産は資金繰りの破たんです。資金繰り破たんの兆候は「金」の流れに異常をきたすことから、銀行の預金・貸出取引にその兆候が現れます。

　しかし、預金も貸出も取引開始して間もない新規取引先や貸出取引でも貸出金額が小さい下位付合い程度の取引である場合、自店取引から倒産の兆候を見出すことはむずかしい場合があります。

1　預金取引面の兆候

(1)　預金取引面の兆候

　資金繰りが苦しい状況は、預金のなかでも当座預金の動きに現れてきます。

　業績が順調で資金繰りも懸念がない場合、企業の当座預金の動きは一定のパターンがあることが普通です。その普通のパターンが乱れ、崩れ始めるとき、資金繰りの悪化が懸念されます。

　そのためにも、貸出担当者は貸出取引先の当座預金の月間の動きに注意を払って、みておかなければいけません。また、支手決済日や入金（振込）日は覚えておく必要があります。

　ところが、貸出担当者が預金に関する知識や経験が乏しいと、以下に示すチェックポイントに対しても反応が鈍く、せっかくの倒産の兆候を見逃してしまうことになりかねません。また、預金担当者と貸出担当者のコミュニケ

ーションが不足していると銀行内の組織が壁になり、倒産の兆候を見逃すことになりかねません。日頃から預金担当者（預金課）との連携を密にすることが非常に大事です。

(2) **具体的チェックポイント**

以下に示す諸点は、日常的には預金担当者（預金課）が気づく点です。

したがって、貸出担当者は、これらのチェックポイントに該当する会社があれば貸出課へ連絡してほしいと、預金課役職者へ依頼しておくとよいでしょう。あるいは、すでに粉飾決算が確認されている危険な貸出先の場合は、その会社名を預金課役職者へあらかじめ知らせておくことも重要です。

預金取引面でみられる倒産の兆候は次のとおりです。

① 現金で支払っていたのに手形で支払うようになった。あるいは手形のサイトが延長された。
② いつもの支手決済日とは異なる日に手形決済が回って来るようになった。支手決済日が増えた。
③ 支手決済日の直前、または当日に大口の現金入金や大口の振込が入るようになった。
④ 支手決済に際して、入金待ち、他手見込みが起こるようになった。
⑤ 個人や怪しげな法人の裏書のある手形が回ってくる。
⑥ 定期預金の期日前解約がある、流動性預金の残高が減少している。
⑦ 先日付小切手が乱発されている。
⑧ 手形の依頼返却や被依頼返却が増えている。
⑨ 交換決済の確認や、手形の信用照会の頻度が増えている。

2　貸出取引面の兆候

(1) **借入申出の変化**

業績が悪化すると資金不足が生じます。その対応は、預金の取崩しと借入れに頼らざるをえません。そのような借入申出の際、いくつかの特徴的な動

きがあります。それは以下のようなケースです。
　① 商手割引が減り、単名借入れの申出がある。
　② 商手割引の手形繰りが忙しくなり、割引依頼日が不定になったり、駆込みで割引の依頼があったりする。
　③ 商手割引、担保手形にまったく新しい銘柄が入ってくる。また、商手銘柄の悪化や、特定銘柄に集中する。
　④ 借入申出時の資金使途の説明が不明確であり、資料との整合性に欠ける。嘘の資金使途での借入れの申出がある。
　⑤ 他行から信用照会を受ける頻度が多くなる。
　⑥ 借入れ時の態度が豹変する。高い金利、担保の差入れを要求しても、抵抗なく受け入れるようになる。
　⑦ 大きな話をするようになる。大口商談がまとまりそうだとか、資本参加する支援先が決まったとか、画期的な新商品が救世主になる等の夢のような話が出てくる。

(2) 資金繰り表を読む

資金繰り表による倒産兆候の発見のポイントは次のとおりです。
　① 予定と実績の数字が大幅に違う。
　② 売上高と回収高、仕入高と支払高がアンバランスである。
　③ 経常収支尻が恒常的にマイナスの状態になっている。
　④ 資金繰り表から推算した売上債権・支払債務の増減額と貸借対照表あるいは試算表とを突合すると、食い違っている。
　⑤ 財務収支と銀行取引一覧表とが違っている。

(3) 銀行取引一覧表を読む

自行の貸出取引順位が下位の場合、主力・準主力の銀行の動きに注意することが大事です。
　① 主力銀行が交代した。
　② 主力、準主力銀行の貸出残高（シェア）が減っている。
　③ 主力、準主力銀行の経常運転資金貸出残高が減っている。

④　主力、準主力銀行が担保を要求している。
⑤　貸出取引銀行数が増えている。

(4) **不動産の状況**

所有不動産、なかんずく、本社や主力工場に対する担保設定状況に関心をもって、必要に応じて登記簿謄本を取り寄せてチェックすることが大事です。

①　個人や怪しげな法人が担保を設定していないか。
②　仕入先が担保を設定していないか。
③　担保設定金額が評価額を大きく上回っていないか。
④　主力、準主力銀行が直近に担保設定をしていないか。

また、社長個人の自宅の担保設定状況について、上記諸点によるチェックを行うことも必要です。

3　実体面における兆候発見

倒産の兆候がある企業には、それなりに漂う雰囲気や共通点のような何かがあります。もちろん、以下に示すことに一つ該当するからといって倒産に向かう兆候があると言い切れませんが、すでに述べてきた兆候と合わせてその実態を認識することが大事です。

①　本社や営業所の従業員のモラールが低い。工場では沈滞ムードが漂う。
②　給料が上がらない（減った）、賞与が出ないという愚痴が聞こえる。
③　社内、工場内とも整理整頓ができていない。掃除も不徹底の様子。
④　経営者間、親族間に内紛がある。
⑤　経営者に対する突上げや悪口が外部にいいふらされる。
⑥　優秀な役員や管理職が「一身上の都合」で辞めていく。
⑦　経営者の不在が多くなっている（遊びか資金集めか）。
⑧　従業員が辞めている（リストラの実施）。

⑨　工場では機械の稼働率が悪い。あるいは設備が休止している。
⑩　経理部長、税理士が交代した。
⑪　銀行に、いままで滅多に来なかった社長が来るようになった。
⑫　従業員たちが無口になる。正直に話してくれない。

「貸出業務の要諦は債権保全にあり」です。貸出業務で回収不能な焦付きを出さないことが貸出担当者の最大の使命です。その意味からしても、倒産の兆候を1日でも早くとらえ、対策を講ずることが非常に重要になってきます。本章で述べてきたことを複合的・有機的にとらえることで、所期の目的を達成しましょう。

附　章

『中小企業の財務指標』の活用

1　はじめに

　第5章（財務面の動態把握）で、実数や回転期間の比率等の良否の判断はその業界平均値と比較するべきであると述べ、その資料として中小企業庁編『中小企業の財務指標』をあげてきました。

　本章はその『中小企業の財務指標』について説明するとともに、その活用を促すものです。

2　『中小企業の財務指標』とは何か

　『中小企業の財務指標』とは、これまで中小企業庁が編集していた『中小企業の経営指標』と『中小企業の原価指標』とを合冊し、2005年から統合され、リニューアルされたものです。

　2007年11月に刊行された『中小企業の財務指標』は、A4判・642頁の資料で、2005年1～12月に決算期を迎えた中小企業約82万社のデータが掲載されています。

　従前の『中小企業の経営指標』『中小企業の原価指標』のバックデータ数が約8,500社であったのに比べ、『中小企業の財務指標』ではそのデータを約82万社に拡大したことで、統計資料としての価値はもとより指標の信頼性も格段に高まったといえます。

　また業種区分については、日本標準産業分類に準拠して、大分類対象9業種、中分類70業種、小分類115業種に分けています。実際の業種分類は図表6をご参照ください。

　そして分析は、「比率分析」と「実数分析」とが行われ、上記業種すべてにわたって両分析結果が表にしてまとめられています。

図表6　『中小企業の財務指標』における業種区分

コード	大分類業種名	中分類業種名	小分類業種名
		農業	
		林業	
		漁業	
		鉱業	金属鉱業、石炭・亜炭鉱業、原油・天然ガス鉱業
			非鉄金属・土石採取業
1	建設業	総合工事業	一般土木建築工事業
			土木・舗装工事業・しゅんせつ工事業
			建築工事業、木造建築工事業
		職別工事業	大工工事業
			とび・土工・コンクリート工事業
			鉄骨・鉄筋工事業
			石工・れんが・タイル・ブロック工事業
			左官工事業
			屋根工事業
			板金・金物工事業
			塗装工事業
			その他の職別工事業
		設備工事業	電気工事業
			電気通信・信号装置工事業
			管工事業
			さく井工事業
			その他の設備工事業
2	製造業	食料品製造業	

	飲料・たばこ・飼料製造業	
	繊維工業	
	衣服・その他の繊維製品製造業	
	木材・木製品製造業（家具を除く）	
	家具・装備品製造業	
	パルプ・紙・紙加工品製造業	
	出版・印刷・同関連産業	新聞業・出版業
		印刷業
		製版業・製本業・印刷物加工業
	化学工業	
	石油製品・石炭製品製造業	
	プラスチック製品製造業	
	ゴム製品製造業	
	なめし革・同製品・毛皮製造業	
	窯業・土石製品製造業	
	鉄鋼業	
	非鉄金属製造業	
	金属製品製造業	
	一般機械器具製造業	
	精密機械器具製造業	
	電気機械器具製造業	
	輸送用機械器具製造業	自動車・鉄道・航空機同附属品製造業
		船舶製造・修理業、舶用機関製造業
		その他の輸送用機械器具製造業

		その他の製造業	武器製造業
			他に分類されない製造業
		電気業	
		ガス業	
3	情報通信業	放送業	
		情報サービス・調査業	ソフトウェア業
			情報処理・提供サービス業
			その他の情報サービス・調査業
		映画・ビデオ制作業	
4	運輸業	道路旅客運送業	
		道路貨物運送業	
		水運業	
		倉庫業	
		運輸に附帯するサービス業	運送取扱業
			その他の運輸に附帯するサービス業
5	卸売業	各種商品卸売業	
		繊維・衣服等卸売業	繊維品卸売業（衣服、身の回り品を除く）
			衣服・身の回り品卸売業
		飲食料品卸売業	農畜産物・水産物卸売業
			食料・飲料卸売業
		建築材料、鉱物・金属材料等卸売業	建築材料卸売業
			化学製品卸売業
			鉱物・金属材料卸売業
			再生資源卸売業
		機械器具卸売業	一般機械器具卸売業
			自動車卸売業

				電気機械器具卸売業
				その他の機械器具卸売業
		その他の卸売業		家具・建具・じゅう器等卸売業
				医薬品・化粧品等卸売業
				代理商、仲立業
				他に分類されない卸売業
6	小売業	各種商品小売業		百貨店
				その他の各種商品小売業
		織物・衣服・身の回り品小売業		呉服・服地・寝具小売業
				男子服小売業
				婦人・子供服小売業
				靴・履物小売業
				その他の織物・衣服・身の回り品小売業
		飲食料品小売業		各種食料品小売業
				酒小売業
				食肉小売業
				鮮魚小売業
				乾物小売業
				野菜・果実小売業
				菓子・パン小売業
				米穀類小売業
				その他の飲食料品小売業
		自動車・自転車小売業		自動車小売業
				自転車小売業
		家具、じゅう器・家庭用機械器具小売業		家具・建具・畳小売業
				金物・荒物小売業
				陶磁器・ガラス器小売業
				家庭用機械器具小売業

		その他の小売業	その他じゅう器小売業
			医薬品・化粧品小売業
			農耕用品小売業
			燃料小売業
			書籍・文房具小売業
			スポーツ用品・がん具・娯楽用品・楽器小売業
			写真機・写真材料小売業
			時計・眼鏡・光学機械小売業
			中古品小売業（他に分類されないもの）
			他に分類されない小売業
7	不動産業	不動産取引業	建物売買業、土地売買業
			不動産代理業・仲介業
		不動産賃貸業・管理業	不動産賃貸業・貸家業・貸間業
			不動産管理業
8	飲食・宿泊業	一般飲食店	食堂、レストラン
			そば・うどん店
			すし店
			喫茶店
			その他の一般飲食店
		その他の飲食店	
		旅館、その他の宿泊所	
9	サービス業	医療業・保健衛生業	病院・一般診療所
			歯科診療所
			その他の医療・保健衛生業
		社会保険、社会福祉	
		教育	

		専門サービス業（他に分類されないもの）	法律事務所、特許事務所
			公証人役場、司法書士事務所
			公認会計士事務所、税理士事務所
			獣医業
			土木建築サービス業
			デザイン業
			著述家・芸術家業
			個人教授所
			その他の専門サービス業
		洗濯・理容・浴場業	洗濯業・洗張・染物業
			理容業
			美容業
			公衆浴場業
			その他の洗濯・理容・浴場業
		その他の生活関連サービス業	物品預り、駐車場業
			旅行業
		娯楽業（映画・ビデオ制作業を除く）	
		廃棄物処理業	
		自動車整備業	
		機械・家具等修理業	
		物品賃貸業	
		広告業	
		その他の事業サービス業	速記・筆耕・複写業
			商品検査業
			計量証明業
			建物サービス業
			民営職業紹介業

			警備業
			他に分類されない事業サービス業
		その他のサービス業	
業種数	9	70	115

(出典) 中小企業庁編『平成19年発行　中小企業の財務指標』(中小企業診断協会)

3　「比率分析」と「実数分析」

　財務諸表は経営活動の結果が集約されたもので、そこには経営者の戦略や経営姿勢が反映された形となって現れてきます。

　比率分析は自社の比率の水準を指標と比較することで良否の判断に資するものであり、実数分析は財務諸表の各項目の実数の過去推移や同業他社の数値と比較することに意味があります。

　比率分析は全業種とも同じ42の指標が掲げられています。各指標は、過去３年の推移、従業員数別、売上規模別、指標ランク別等々という区分で比較できるようになっています。

　実数分析は貸借対照表と損益計算書の勘定科目別の実数が示され、各勘定科目は過去３年の推移、従業員数別、売上高営業利益率・総資本経常利益率のランク別という区分で比較できるようになっています。

　『中小企業の財務指標』の「比率分析」「実数分析」を引用して図表７〜10として掲げましたのでご覧ください。

図表7 『中小企業の財務指標』における比率分析①（例：プラスチック製品製造業）

		業種内同一企業			業界全体	全体の従業員数					全体の売上高			
		03年	04年	05年	05年	5人以下	6〜20人	21〜50人	51人以上	3,000万円以下	3,000万超〜1億円以下	1億超〜5億円以下	5億円超
① 総合収益性分析													
1 総資本営業利益率 (%)		2.8	3.4	2.9	3.0	2.6	3.1	3.0	3.5	1.8	2.5	3.1	3.6
2 総資本経常利益率 (%)		2.1	2.6	2.2	2.3	1.7	2.3	2.4	3.2	1.1	1.5	2.3	3.2
3 総資本当期純利益率 (ROA) (%)		1.2	1.4	1.1	1.2	1.0	1.4	1.2	1.5	0.4	0.9	1.4	1.5
4 経営資本営業利益率 (%)		3.4	4.0	3.3	3.4	2.7	3.5	3.3	3.9	1.0	2.1	3.8	3.8
5 自己資本当期純利益率 (ROE) (%)		6.3	6.7	5.5	7.4	8.2	7.1	6.8	7.4	6.0	7.3	7.1	7.8
② 売上高利益分析													
6 売上高総利益率 (%)		26.0	25.9	25.6	29.6	38.8	30.3	21.4	18.3	50.7	39.3	28.2	18.8
7 売上高営業利益率 (%)		2.2	2.6	2.2	2.3	2.1	2.2	2.4	2.8	1.7	2.1	2.3	2.6
8 売上高経常利益率 (%)		1.6	2.0	1.7	1.7	1.3	1.6	1.8	2.5	0.7	1.3	1.6	2.3
9 売上高当期純利益率 (%)		0.9	1.1	0.8	0.9	0.8	0.9	1.0	1.1	0.2	0.8	0.9	1.1
10 売上高対労務費比率 (%)		13.4	13.1	13.3	12.8	9.0	13.5	14.0	12.8	10.3	13.9	14.4	11.6
11 売上高対販売費・管理費比率 (%)		23.8	23.3	23.4	27.3	36.7	28.0	19.1	15.6	49.0	37.1	25.9	16.1
12 売上高対人件費比率 (%)		11.1	10.7	10.6	11.7	17.9	14.0	9.6	7.4	21.0	19.1	13.1	8.0
③ 回転率・回転期間分析													
13 総資本回転率 (回)		1.2	1.3	1.2	1.3	1.4	1.4	1.4	1.3	1.2	1.4	1.4	1.3
14 固定資産回転率 (回)		2.6	2.7	2.7	3.0	3.1	3.0	2.9	2.8	2.5	3.1	3.1	2.9
15 有形固定資産回転率 (回)		3.3	3.3	3.3	3.8	3.9	3.8	3.6	3.6	3.2	3.9	3.9	3.8
16 売上債権回転期間A (日)		54.7	55.3	55.0	55.5	49.9	54.2	59.9	69.6	45.3	50.9	54.6	65.8
17 売上債権回転期間B (日)		77.4	77.2	75.1	74.4	65.8	74.4	81.1	89.9	57.2	67.0	75.9	86.7
18 受取手形回転期間A (日)		14.5	14.6	15.0	15.4	11.9	15.3	18.1	22.2	8.5	12.8	15.5	20.8
19 受取手形回転期間B (日)		37.2	36.5	35.0	34.3	27.8	35.5	39.3	42.6	20.5	29.0	36.8	41.7
20 売掛金回転期間 (日)		40.2	40.7	40.0	40.1	38.0	38.9	41.8	47.3	36.7	38.0	39.1	45.0
21 棚卸資産回転期間 (日)		13.4	13.2	14.1	14.6	9.0	13.1	18.2	21.6	8.2	9.9	13.6	20.0
22 製品（商品）回転期間 (日)		6.4	6.4	6.7	7.1	4.6	6.4	8.4	10.7	3.9	4.6	6.4	9.9

23	原材料回転期間	(日)	4.0	4.0	4.3	4.4	2.9	4.1	5.6	6.1	3.0	3.2	4.3	5.6
24	仕掛品回転期間	(日)	2.7	2.5	2.7	2.5	1.2	2.2	3.3	4.2	1.0	1.6	2.4	3.7
25	買入債務回転期間	(日)	34.2	34.2	33.4	32.0	21.2	28.4	43.9	57.3	11.2	19.7	31.4	54.6
26	売掛金回転期間	(日)	16.4	16.7	16.5	16.3	13.6	15.8	19.3	21.4	8.1	12.6	17.4	22.0
27	支払手形回転期間	(日)	17.9	17.5	16.9	15.7	7.7	12.5	24.5	35.9	3.1	7.1	14.0	32.6
④ 財務レバレッジ分析														
28	財務レバレッジ	(倍)	5.5	5.3	5.2	5.3	5.3	5.3	5.3	5.3	5.1	5.4	5.3	5.3
⑤ 短期支払能力分析														
29	流動比率	(%)	129.4	133.7	138.6	144.5	131.9	149.9	153.8	149.5	101.1	138.9	156.2	148.6
30	当座比率	(%)	97.7	101.2	104.0	109.2	98.4	113.9	116.9	113.5	72.0	103.9	118.6	113.8
⑥ 資本の安定性分析														
31	自己資本比率	(%)	15.3	16.4	16.7	16.0	10.6	16.0	21.2	22.2	5.8	10.6	17.3	22.0
32	負債比率	(%)	453.0	427.1	416.9	432.3	434.8	429.9	434.2	430.9	406.3	440.1	431.3	432.6
⑦ 調達と運用の適合性分析														
33	固定長期適合率	(%)	75.5	73.5	72.7	73.0	68.2	72.6	77.4	79.2	71.8	70.0	71.9	77.6
34	固定比率	(%)	240.8	230.1	222.5	225.0	209.0	222.4	239.9	238.8	205.9	219.0	222.3	234.9
⑧ キャッシュフロー分析														
35	CFインタレストカバレッジレシオ	(倍)	4.2	4.4	4.4	4.7	4.7	4.6	4.7	5.2	1.8	4.4	5.2	5.0
36	営業CF対有利子負債比率	(%)	6.4	7.0	6.1	5.9	5.4	6.1	5.7	6.3	0.6	5.3	7.4	5.9
37	営業CF対投資CF比率	(%)	135.6	102.1	86.1	87.3	111.7	89.3	71.4	83.4	67.2	105.3	88.8	79.8
⑨ 付加価値分析														
38	付加価値率(売上高対加工高比率)	(%)	37.0	36.7	36.1	36.9	44.6	40.7	33.4	29.5	53.8	49.6	39.1	28.5
39	機械投資効率	(回)	4.2	4.3	4.3	4.6	4.3	4.6	4.8	4.9	3.3	4.4	4.8	4.9
⑩ 分配比率														
40	労働分配率(加工高対人件費比率)	(%)	71.5	70.3	71.5	71.7	70.9	72.9	72.0	70.1	72.7	74.4	73.0	69.6
⑪ その他														
41	借入金依存度	(%)	61.1	60.2	60.6	60.6	66.3	61.9	54.6	51.0	72.9	68.1	60.2	50.3
42	売上高対支払利息割引料比率	(%)	1.2	1.2	1.1	1.1	1.1	1.1	1.1	1.0	1.1	1.1	1.1	1.0
集計対象母集団サンプル数			4,851	4,851	4,851	6,132	2,168	2,163	1,039	762	607	1,712	2,223	1,590

A：(割引・裏書譲渡手形含まず)　B：(割引・裏書譲渡手形含む)

図表8 「中小企業の財務指標」における比率分析② (例:プラスチック製品製造業)

		各指標別(全体)			売上高営業利益率の高い順				総資本経常利益率の高い順				デフォルト
		上位25%値	上位50%値	上位75%値	上位0~25%平均値	上位25~50%平均値	上位50~75%平均値	上位75~100%平均値	上位0~25%平均値	上位25~50%平均値	上位50~75%平均値	上位75~100%平均値	発生時
① 総合収益性分析													
1	総資本営業利益率 (%)	5.6	2.6	0.4	8.7	4.6	2.1	△2.9	9.1	3.6	1.6	△2.4	△0.8
2	総資本経常利益率 (%)	4.7	1.4	0.1	7.3	3.4	1.3	△2.5	8.9	2.8	0.7	△3.3	△3.1
3	総資本当期純利益率 (ROA) (%)	3.0	0.8	0.0	4.6	2.2	0.8	△2.4	5.8	1.8	0.4	△3.0	△3.0
4	経営資本営業利益率 (%)	6.1	2.9	0.7	9.5	4.8	2.0	△3.0	9.8	3.8	1.5	△2.8	△1.2
5	自己資本当期純利益率 (ROE) (%)	13.7	4.8	0.7	16.2	10.2	4.9	△3.1	17.8	9.8	4.1	△6.3	△19.7
② 売上高利益率分析													
6	売上高総利益率 (%)	39.1	25.1	16.2	36.2	29.1	25.4	27.9	33.3	28.5	26.3	29.5	23.7
7	売上高営業利益率 (%)	4.3	2.0	0.3	7.5	3.1	1.2	△2.6	6.0	3.0	1.4	△1.6	△5.1
8	売上高経常利益率 (%)	3.6	1.1	0.1	6.2	2.1	0.7	△2.2	5.8	2.4	0.6	△2.5	△8.3
9	売上高当期純利益率 (%)	2.3	0.6	0.0	4.0	1.3	0.4	△2.1	3.7	1.5	0.3	△2.3	△8.1
10	売上高対労務費比率 (%)	19.1	12.2	4.5	13.4	12.2	11.5	13.8	12.3	12.6	12.8	14.0	12.9
11	売上高対販売費・管理費比率 (%)	36.4	22.5	13.8	28.7	26.0	24.2	30.4	27.4	25.4	24.8	31.1	28.9
12	売上高対人件費比率 (%)	15.6	9.5	5.4	12.5	10.9	10.4	12.8	12.2	10.4	10.5	13.6	10.0
③ 回転率・回転期間分析													
13	総資本回転率 (回)	1.7	1.2	0.9	1.2	1.4	1.5	1.4	1.5	1.3	1.2	1.2	1.2
14	固定資産回転率 (回)	4.0	2.5	1.5	2.8	3.1	3.3	3.0	3.4	3.0	2.7	2.7	2.6
15	有形固定資産回転率 (回)	5.2	3.1	1.8	3.5	3.8	4.3	3.8	4.2	3.8	3.5	3.4	3.4
16	売上債権回転期間A (日)	70.5	51.6	37.3	58.4	58.8	55.8	51.6	58.2	59.7	57.2	52.4	60.0
17	売上債権回転期間B (日)	101.2	71.2	45.2	77.6	80.4	75.3	69.0	75.6	79.3	79.9	70.9	76.9
18	受取手形回転期間A (日)	24.1	7.6	0.0	17.8	17.3	14.7	13.2	18.1	18.1	15.3	13.2	4.6
19	受取手形回転期間B (日)	57.4	28.8	4.7	37.0	38.9	34.2	30.5	35.5	37.6	38.0	31.8	21.4
20	売掛金回転期間 (日)	48.6	38.7	30.7	40.6	41.5	41.1	38.5	40.1	41.7	41.9	39.1	55.5
21	棚卸資産回転期間 (日)	21.1	11.7	4.9	12.9	16.6	15.8	14.1	11.6	16.7	18.8	14.3	36.4
22	製品(商品)回転期間 (日)	11.1	2.5	0.0	6.0	8.2	7.8	6.6	5.3	8.4	9.2	7.0	12.3

23	原材料回転期間	(日)	6.9	2.9	0.4	3.8	4.8	4.9	4.5	3.6	4.6	5.7	4.6	10.5
24	仕掛品回転期間	(日)	3.3	0.0	0.0	2.6	3.1	2.3	2.5	2.4	3.0	3.0	2.3	13.4
25	買掛債務回転期間	(日)	48.3	24.0	10.6	28.9	37.2	38.1	28.9	28.6	37.2	39.3	29.8	43.8
26	買掛金回転期間	(日)	23.5	15.4	7.7	15.5	17.9	18.5	15.3	16.4	18.2	17.6	14.9	18.5
27	支払手形回転期間	(日)	28.1	0.0	0.0	13.4	19.3	19.6	13.7	12.2	19.0	21.8	14.9	25.3

④ 財務レバレッジ分析

28	財務レバレッジ	(倍)	7.1	4.3	2.6	4.6	5.9	5.8	5.2	4.3	5.6	6.1	5.7	9.5

⑤ 短期支払能力分析

29	流動比率	(%)	190.9	130.2	85.0	152.0	151.9	146.4	136.9	154.4	149.4	148.6	133.8	94.5
30	当座比率	(%)	146.9	96.6	58.9	118.9	114.8	110.3	101.4	125.1	112.7	107.0	96.8	54.4

⑥ 資本の安定性分析

31	自己資本比率	(%)	29.3	14.2	3.0	20.3	15.4	15.8	14.1	23.2	16.8	14.5	11.3	△1.6
32	負債資本比率	(%)	613.0	334.6	162.8	356.5	489.7	478.6	423.7	334.2	459.0	509.9	473.2	847.1

⑦ 調達と運用の適合性分析

33	固定長期適合比率	(%)	92.6	72.0	51.0	71.6	72.6	72.8	75.1	69.2	73.2	76.2	76.6	85.4
34	固定比率	(%)	316.9	179.2	96.9	202.6	248.0	237.7	219.4	186.3	238.1	264.9	239.6	602.5

⑧ キャッシュフロー分析

35	CFインタレストカバレッジレシオ	(倍)	9.1	3.6	0.0	9.1	5.1	3.9	1.8	9.4	5.7	2.9	0.6	△0.2
36	営業CF対有利子負債比率	(%)	14.6	4.8	△3.4	13.4	7.1	4.7	0.5	14.0	7.6	2.8	△0.8	△1.6
37	営業CF対投資CF比率	(%)	178.0	66.3	△6.5	140.8	100.6	60.6	33.6	151.6	92.5	43.6	36.7	△39.3

⑨ 付加価値分析

38	付加価値比率 (売上高対加工高比率)	(%)	46.7	34.3	24.7	42.9	34.3	31.6	36.9	40.3	34.9	33.1	37.8	31.7
39	機械投資効率	(回)	6.5	3.8	2.1	5.2	4.8	4.8	4.0	5.7	4.8	4.3	3.7	2.3

⑩ 分配比率

40	労働分配率 (加工高対人件費比率)	(%)	80.2	72.5	63.1	63.3	69.5	74.5	81.5	64.1	69.4	74.2	82.1	71.9

⑪ その他

41	借入金依存度	(%)	77.7	61.4	42.9	57.5	61.4	58.0	62.8	51.6	58.5	63.3	67.3	79.1
42	売上高対支払利息割引料比率	(%)	1.6	1.1	0.4	1.1	1.2	1.0	1.0	0.9	1.1	1.3	1.2	3.7

A：（割引・裏書譲渡手形含まず）　B：（割引・裏書譲渡手形含む）

図表9 「中小企業の財務指標」における実数分析①（貸借対照表）（例：繊維・衣服等卸売業）

（単位：千円）

	業種内同一企業			業界全体	全体の従業員数					売上高営業利益率			売上高経常利益率			総資本経常利益率	
	03年	04年	05年	05年	5人以下	6～20人	21～50人	51人以上		上位0～25%平均値	上位25～50%平均値		上位0～25%平均値	上位25～50%平均値		上位0～25%平均値	上位25～50%平均値
現 金 ・ 預 金	157,222	162,999	170,538	159,569	30,522	103,079	300,073	521,495		226,773	189,438		207,242				208,123
受 取 手 形	77,723	75,710	70,934	66,527	9,298	37,050	105,571	292,441		63,076	79,546		80,452				85,389
売 掛 金	203,066	206,018	208,541	197,247	36,307	107,970	317,476	838,536		217,769	251,866		252,686				249,015
有 価 証 券	11,423	11,872	12,280	11,581	1,966	7,917	20,222	39,916		15,870	12,389		14,216				19,511
商 品 ・ 製 品	159,582	159,041	164,342	152,002	22,161	76,949	244,237	691,708		183,291	180,616		174,730				188,706
半 製 品 ・ 仕 掛 品	3,837	4,156	3,655	4,145	674	2,487	7,423	15,466		5,584	3,402		5,605				4,489
原 材 料 ・ 貯 蔵 品	9,127	11,355	10,113	10,658	861	4,585	16,688	54,984		12,904	12,972		13,243				16,238
その他の棚卸資産	1,493	1,570	1,366	2,074	152	1,784	210	13,089		831	784		746				239
その他の流動資産	40,531	43,032	44,787	41,100	12,046	17,737	70,939	171,097		46,877	43,512		38,681				49,036
流動資産　計	664,004	675,753	686,556	644,903	113,987	359,558	1,082,839	2,638,732		772,975	774,525		787,601				820,746
建 物 ・ 構 築 物	80,566	77,890	75,556	71,020	12,354	38,792	104,436	324,363		94,516	69,156		69,596				93,021
機 械 装 置	6,253	6,025	5,117	5,779	2,062	4,154	7,547	20,769		10,413	4,412		9,716				5,267
工具・器具・備品	8,899	8,449	8,380	7,597	1,117	3,259	11,306	38,830		10,914	7,104		8,961				9,293
土 地	143,696	143,308	137,919	126,511	16,290	65,504	216,318	550,124		186,492	128,564		124,530				170,710
建 設 仮 勘 定	321	495	448	791	52	524	150	5,526		2,065	410		1,762				257
有形固定資産　計	239,735	236,167	227,420	211,698	31,875	112,233	339,757	939,612		304,400	209,646		214,565				278,548
無 形 固 定 資 産	5,349	5,699	6,080	5,768	1,267	3,428	8,825	23,658		10,109	5,092		5,654				9,118
投 資 等	111,271	120,279	125,527	116,809	25,799	60,831	171,904	528,521		149,626	114,936		144,206				134,759
固 定 資 産　計	356,355	362,145	359,027	334,275	58,941	176,492	520,486	1,491,791		464,135	329,674		364,425				422,425
繰 延 資 産	2,940	1,395	954	933	173	355	1,167	5,295		1,610	952		1,029				1,440
合 計	1,023,299	1,039,293	1,046,537	980,111	173,101	536,405	1,604,492	4,135,818		1,238,720	1,105,151		1,153,055				1,244,611

負債・資本	流動負債	支払手形	139,994	132,608	119,785	110,442	8,338	52,174	195,668	506,175	84,156	143,241	97,939	161,115
		買掛金	98,941	100,407	98,448	93,948	24,706	51,639	146,534	384,571	111,237	105,588	130,619	115,210
		短期借入金(年間返済長期借入金を含む)	190,341	182,995	177,777	168,665	25,457	88,051	271,644	752,290	180,958	195,945	172,026	203,375
		その他流動負債	41,447	44,303	43,238	41,910	14,987	19,922	56,862	189,313	64,249	43,330	70,814	44,276
		計	470,723	460,313	439,248	414,965	73,488	211,786	670,708	1,832,349	440,600	488,104	471,398	523,976
	固定負債	社債・長期借入金	261,510	274,987	292,070	273,748	66,059	169,211	463,591	986,605	409,839	312,163	306,573	359,208
		その他の負債	15,618	15,508	14,730	14,146	2,233	11,800	16,800	56,179	14,818	12,301	15,421	12,429
		計	277,128	290,495	306,800	287,894	68,292	181,011	480,391	1,042,784	424,657	324,464	321,994	371,637
	資本	資本金	27,855	28,764	30,529	29,094	11,063	21,241	54,948	66,995	39,772	27,355	26,907	32,137
		資本準備金	5,017	6,963	10,841	9,966	381	1,177	31,910	33,114	20,671	6,267	8,306	7,089
		利益準備金	5,510	5,572	5,632	5,254	975	3,680	9,595	16,631	5,022	5,831	4,693	7,039
		剰余金(当期未処分利益を除く)	194,521	195,915	198,293	179,862	15,284	83,583	261,900	938,845	183,264	193,095	189,433	242,226
		当期未処分利益	42,545	51,271	55,194	53,076	3,618	33,927	95,040	205,100	124,734	60,035	130,324	60,507
		計	275,448	288,485	300,489	277,252	31,321	143,608	453,393	1,260,685	373,463	292,583	359,663	348,998
合計			1,023,299	1,039,293	1,046,537	980,111	173,101	536,405	1,604,492	4,135,818	1,238,720	1,105,151	1,153,055	1,244,611
関連数値		経営資本額	908,769	917,126	919,613	861,581	147,078	474,698	1,431,273	3,596,499	1,085,422	988,854	1,006,060	1,108,158
		受取手形割引高	59,306	51,413	43,011	40,381	11,251	28,662	78,281	105,306	32,241	58,911	27,266	68,156
		保証債務額	1,037	1,782	1,854	1,556	0	1,720	284	8,315	220	3,208	220	3,202
		有利子負債	511,157	509,395	512,858	482,795	102,767	285,923	813,515	1,844,201	623,038	567,019	505,865	630,739
		運転資本	193,279	215,435	247,309	229,938	40,497	147,772	412,129	806,385	323,374	286,420	316,203	296,769
		営業運転資本	226,398	235,432	254,547	239,094	35,432	132,744	383,699	1,037,180	286,560	292,927	280,987	292,021

図表10 「中小企業の財務指標」における多変数分析② (損益計算書) (例:繊維・衣服等卸売業)

(単位:千円)

	業種内同一企業			業界全体	全体の従業員数					売上高営業利益率			総資本経常利益率		
	03年	04年	05年	05年	5人以下	6～20人	21～50人	51人以上	上位0～25%平均値	上位25～50%平均値	平均値	上位0～25%平均値	上位25～50%平均値	平均値
売　　上　　高	1,393,131	1,397,588	1,386,140	1,324,797	262,600	730,098	2,068,211	5,680,992	1,565,267	1,643,778	1,646,847	1,930,745	1,261,352
売　　上　　原　　価	1,072,229	1,069,999	1,060,055	1,014,621	214,333	566,897	1,615,106	4,214,154	1,129,729	1,273,461		1,471,116	
(うち労務費)	5,513	4,982	3,806	5,066	106	1,460	5,206	36,940	8,291	3,333		8,105	4,256
(うち賃借料)	1,678	1,608	1,617	1,748	1,145	2,101	1,740	2,172	1,854	1,955		1,651	2,044
(うち租税公課)	1,003	816	1,057	1,031	655	1,227	1,112	1,230	1,448	1,405		1,954	1,045
(うち外注加工費)	27,506	25,711	23,104	22,284	2,031	12,887	23,338	123,504	28,809	14,385		27,143	21,326
売　上　総　利　益	320,902	327,589	326,085	310,176	48,267	163,201	453,105	1,466,838	435,538	370,317		459,629	385,495
販売費及び一般管理費	289,333	291,362	295,336	280,459	43,628	149,395	396,972	1,344,180	344,921	334,190		369,306	352,007
(うち人件費)	133,031	136,714	135,416	130,310	20,745	71,541	192,405	618,450	155,709	152,895		164,142	161,806
(うち賃借料)	19,114	20,114	20,219	19,326	2,137	7,516	24,809	112,192	28,549	23,872		30,795	24,704
(うち租税公課)	5,883	5,593	6,184	5,649	1,260	3,416	9,516	21,107	9,616	5,764		9,811	5,793
営　業　利　益	31,569	36,227	30,749	29,717	4,639	13,806	56,133	122,658	90,617	36,127		90,323	33,488
営　業　外　収　益	14,420	14,130	15,250	14,332	2,849	7,635	21,506	64,290	16,983	13,655		23,404	17,339
(うち受取利息・配当金)	1,675	2,031	2,332	2,100	454	876	2,553	11,530	2,463	1,560		2,979	3,020
営　業　外　費　用	17,228	17,402	17,022	16,059	3,488	9,462	26,475	62,505	23,719	18,961		17,904	21,870
(うち支払利息・割引料)	11,543	11,638	11,765	11,031	2,516	6,723	18,408	41,171	15,015	12,994		11,214	15,186
経　常　利　益	28,761	32,955	28,977	27,990	4,000	11,979	51,164	124,443	83,881	30,821		95,823	28,957

240

特別利益	9,742	8,761	10,535	10,218	814	5,528	17,524	44,903	10,706	14,586	10,968	14,510
特別損失	21,533	18,637	19,804	18,594	1,641	6,628	30,119	99,245	31,629	18,001	33,488	19,728
税引前当期純利益	16,970	23,079	19,708	19,614	3,173	10,879	38,569	70,101	62,958	27,406	73,303	23,739
法人税等	9,104	11,567	10,921	10,908	1,641	4,804	18,069	51,423	25,934	11,321	30,837	8,652
当期純利益	7,866	11,512	8,787	8,706	1,532	6,075	20,500	18,678	37,024	16,085	42,466	15,087
人件費合計額(労務費+人件費)	138,544	141,696	139,222	135,376	20,851	73,001	197,611	655,390	164,000	156,228	172,247	166,062
減価償却実施額	9,299	8,992	8,547	8,590	1,381	4,713	10,712	43,357	12,635	8,843	11,637	10,345
付加価値額	214,150	221,381	215,256	208,641	33,491	109,800	312,519	989,532	314,535	240,322	332,153	251,116
損益分岐点売上高	1,271,380	1,260,101	1,265,363	1,208,198	241,664	678,036	1,838,752	5,211,931	1,271,626	1,509,397	1,538,225	1,525,455
配当実施額(中間配当+決算配当)	1,226	1,191	1,231	1,218	136	589	2,290	5,122	2,094	1,533	2,848	1,322
役員賞与	758	767	791	770	57	326	1,304	3,817	1,370	1,195	1,858	806
営業CF概算額	15,083	16,126	△896	△138	78	△7,765	780	32,176	28,960	△4,068	22,212	734
投資CF概算額	△14,534	△18,144	△7,843	△8,479	△4,134	△2,585	△13,466	△36,190	△33,708	△8,588	△22,286	△9,415
財務CF概算額	△3,941	7,795	16,278	15,351	4,621	13,882	47,935	△11,385	37,919	16,614	15,469	13,181
ネットキャッシュフロー	3,391	5,777	7,539	6,734	565	3,531	33,688	△15,400	33,171	3,958	15,395	3,032
フリーCF概算額	550	△2,017	△8,739	△8,617	△4,056	△10,350	△14,246	△4,014	△4,748	△12,656	△74	△10,148
期末従業員数	23	23	23	22	3	11	32	107	25	26	26	29
一人当たり付加価値額(加工高)	9,311	9,625	9,359	9,484	11,164	9,982	9,766	9,248	12,581	9,243	12,775	8,659
一人当たり売上高	60,571	60,765	60,267	60,218	87,533	66,373	64,632	53,093	62,611	63,222	74,259	56,788
一人当たり機械装備額	272	262	222	263	687	378	236	194	417	170	374	182

〔著者略歴〕
吉田重雄（よしだ　しげお）
1950年東京生まれ。
1973年早稲田大学政治経済学部卒業、同年三菱銀行入行。板橋支店長、融資第一部次長、融資第二部次長、仙台支店長、秋葉原支店長を経て、2001年6月東京三菱銀行を退職。現在は株式会社日本国債清算機関で常勤監査役を務める。
著書に『黄色いカンナが咲きました』（文芸社）、『事例に学ぶ貸出判断の勘所』（金融財政事情研究会）がある。

事例に学ぶ　貸出先実態把握の勘所
―「取引先概要表」の作成と財務・実体面の動態把握―

平成20年8月25日　第1刷発行
平成29年7月28日　第5刷発行

　　　　　　　　　著　者　吉　田　重　雄
　　　　　　　　　発行者　小　田　　　徹
　　　　　　　　　印刷所　株式会社日本制作センター

〒160-8520　東京都新宿区南元町19
発　行　所　一般社団法人　金融財政事情研究会
　編集部　TEL 03(3355)2251　FAX 03(3357)7416
　販　　売　株式会社きんざい
　販売受付　TEL 03(3358)2891　FAX 03(3358)0037
　URL　http://www.kinzai.jp/

・本書の内容の一部あるいは全部を無断で複写・複製・転訳載すること、および磁気または光記録媒体・コンピュータネットワーク上等へ入力することは、法律で認められた場合を除き、著作者および出版社の権利の侵害となります。
・落丁・乱丁本はお取替えいたします。定価はカバーに表示してあります。

ISBN978-4-322-11321-1